_____ 학교 ____ 학년____ 반 _____ 의 책이에요.

전 세계가 인정한 우리의
세계유산

세계유산이란, '세계유산협약'에 따라 인류 전체를 위해 보호해야 할 가치가 있다고 인정되는 세계 여러 나라의 유산 가운데 유네스코에 등록된 유산을 말해요.

최근 전 세계적으로 자연재해나 전쟁 등으로 파괴될 위기에 처한 인류의 유산이 늘어나고 있어요. 이를 미리 방지하고 보호하고자 1978년부터 유네스코의 세계유산위원회에서는 보호해야 할 가치가 있는 유산들을 세계유산으로 지정하고 있답니다.

인류 전체를 위해 보편적인 가치가 있다고 인정하는 유산을 중심으로 지정하다 보니, 각 나라의 문화와 역사를 대표하는 유산인 경우가 많아요. 따라서 각 나라의 세계유산을 알아보는 일은 곧 그 나라의 고유한 문화를 알 수 있는 지름길이지요.

우리나라는 현재 석굴암과 불국사, 해인사 장경판전, 종묘, 창덕궁, 수원 화성, 경주역사유적지구, 고창화순강화 고인돌유적, 제주 화산섬과 용암동굴, 조선왕릉, 한국의 역사마을 : 하회와 양동, 남한산성, 백제역사유적지구와 산사 한국의 산지승원이 등재되어 있답니다. 그리고 세계기록유산으로는 훈민정음, 조선왕조실록, 직지심체요절, 승정원일기, 조선왕조의 의궤, 해인사 대장경판 및 제경판, 동의보감, 일성록, 5.18민주화운동 기록물, 난중일기, 새마을운동 기록물, 한국의 유교책판, KBS특별생방송 '이산가족을 찾습니다' 기록물, 조선왕실 어보와 어책, 국채보상운동 기록물, 조선통신사 기록물이 등재되었어요.

또한 인류무형문화유산으로는 종묘제례 및 종묘제례악, 판소리, 강릉단오제, 강강술래, 남사당놀이, 영산재, 제주칠머리당 영등굿, 처용무, 가곡, 대목장, 매사냥, 줄타기, 택견, 한산모시짜기, 아리랑, 김장문화, 농악, 줄다리기, 제주해녀문화가 있답니다.

이 책에서는 우리나라의 세계유산 중 하나인 백제역사유적지구에 대해 알아볼 거예요.

세계문화유산

종묘

수원화성

창덕궁

고창·화순·강화의 고인돌유적

석굴암과 불국사

해인사 장경판전

경주역사유적지구

백제역사유적지구

세계기록유산

조선왕조실록

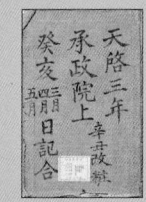
승정원 일기

직지심체요절

훈민정음

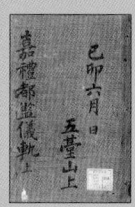
조선왕조 의궤

해인사 고려대장경판과 제경판

동의보감

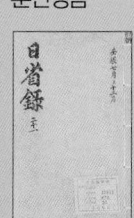
일성록

세계무형유산

종묘제례와 제례악

판소리

강릉단오제

세계자연유산

제주도 화산섬과 용암동굴

신나는 교과 체험학습 01

문화의 왕국을 찾아서 백제역사유적지구

1판 1쇄 인쇄 | 2018. 9. 14.
1판 8쇄 발행 | 2023. 11. 10.

글 이은석 | 그림 이지후

발행처 김영사 | **발행인** 고세규
등록번호 제 406-2003-036호 | **등록일자** 1979. 5. 17.
주소 경기도 파주시 문발로 197(우10881)
전화 마케팅부 031-955-3100 | 편집부 031-955-3113~20 | 팩스 031-955-3111

© 이은석, 2018

값은 표지에 있습니다.
ISBN 978-89-349-8310-1 64000
ISBN 978-89-349-8306-4 (세트)

좋은 독자가 좋은 책을 만듭니다. 김영사는 독자 여러분의 의견에 항상 귀 기울이고 있습니다.
전자우편 book@gimmyoung.com | 홈페이지 www.gimmyoungjr.com

어린이제품 안전특별법에 의한 표시사항

제품명 도서 제조년월일 2023년 11월 10일 제조사명 김영사 주소 10881 경기도 파주시 문발로 197
전화번호 031-955-3100 제조국명 대한민국 ⚠주의 책 모서리에 찍히거나 책장에 베이지 않게 조심하세요.

문화의 왕국을 찾아서

백제역사 유적지구

글 이은석 그림 이지후

주니어김영사

차례

백제역사유적지구에 가기 전에

미리 준비하세요

준비물   사진기(휴대 전화), 필기도구, 《백제역사유적지구》 책, 지도

옷차림   백제역사유적지구에 견학을 간다면 1박 2일이나 2박 3일 동안 여행한다고 생각하고 준비물을 챙겨야 해. 주로 야외 유적지를 돌아보게 되니 계절에 맞는 옷차림을 하는 게 좋아. 또 주변 산성에 올라갈 계획이라면 가벼운 겉옷과 마실 물, 간식도 꼭 준비하렴.

미리 알아 두세요

관람일   공주, 부여, 익산의 유적지는 항상 관람할 수 있어. 단, 국립박물관과 전시관은 월요일과 1월 1일은 휴관이야.

관람시간   부여 부소산성과 정림사지, 능산리고분군 등 세계유산과 박물관, 전시관의 운영 시간은 보통 오전 9시부터 6시까지이며, 일반 유적지는 대부분 시간제한이 없어.

관람료   관람료와 주차비를 받는 유적도 있으니 참고하렴.

문의 전화   공주시 관광안내소 041-856-7700
                 부여군 관광안내소 041-830-2880
                 익산시 관광안내소 063-859-3873, 4799
                 백제세계유산센터 042-488-9726

기타   백제역사유적지구를 제대로 돌아보려면 먼저 답사 코스를 잘 짜야 해. 각 도시가 떨어져 있어서 교통편을 미리 알아 두어야 해.

백제의 도읍지 공주, 부여, 익산

백제는 위례성(지금의 서울 풍납토성 자리)을 약 500년간 도읍으로 삼았으나, 고구려의 침입을 받아 공주로 도읍을 옮겨 63년간 있었어. 그러나 공주는 좁고 해상 교통이 불편해 다시 부여로 옮기게 되었어. 무왕 때에는 신라와의 전쟁에 이기면서 나라도 부강해졌어. 이를 계기로 넓은 평지가 있는 익산에 왕궁과 사찰을 건립해 도읍을 옮기려고 했어. 그러나 여러 가지 이유로 실현되지 못했어.

공주, 부여, 익산에는 백제의 고대 유적이 남아 있어. 왕궁과 산성, 무령왕릉, 미륵사지 등은 백제역사유적지구로 세계문화유산으로 지정된 곳이야. 이곳에 가 보면 1400년 전 건축 기술을 발전시키고 불교문화를 확산시켰으며, 중국과 일본 고대 왕국의 교류를 이끈 백제가 어떤 나라인지 알게 될 거야.

자, 이제 흥미진진한 역사가 가득한 백제역사유적지구로 떠나 볼까?

한눈에 보는 백제역사 유적지구

백제 도읍은 공주와 부여, 익산 세 곳이야. 서로 떨어져 있는 도시에 각각의 유적 8개소가 유네스코 세계문화유산으로 등재되어 있어. 백제의 왕도와 밀접하게 연관된 왕성, 사찰터, 왕릉과 성곽 등이 있지. 이외에 세계유산으로 지정되지는 않았지만 백제의 모습을 잘 간직한 유적지도 많고 각 도시마다 국립박물관이 있어. 모두 둘러보려면 꼼꼼하게 계획을 세워야 해. 이 책에서는 공주, 부여, 익산 순으로 둘러볼 거야.

공주

왕이 머물렀던 공산성과 63년간 왕과 왕족들의 무덤이었던 송산리고분군이 있어. 국립공주박물관에도 꼭 들러서 유물들을 관람해 보자.

공주
부여
익산

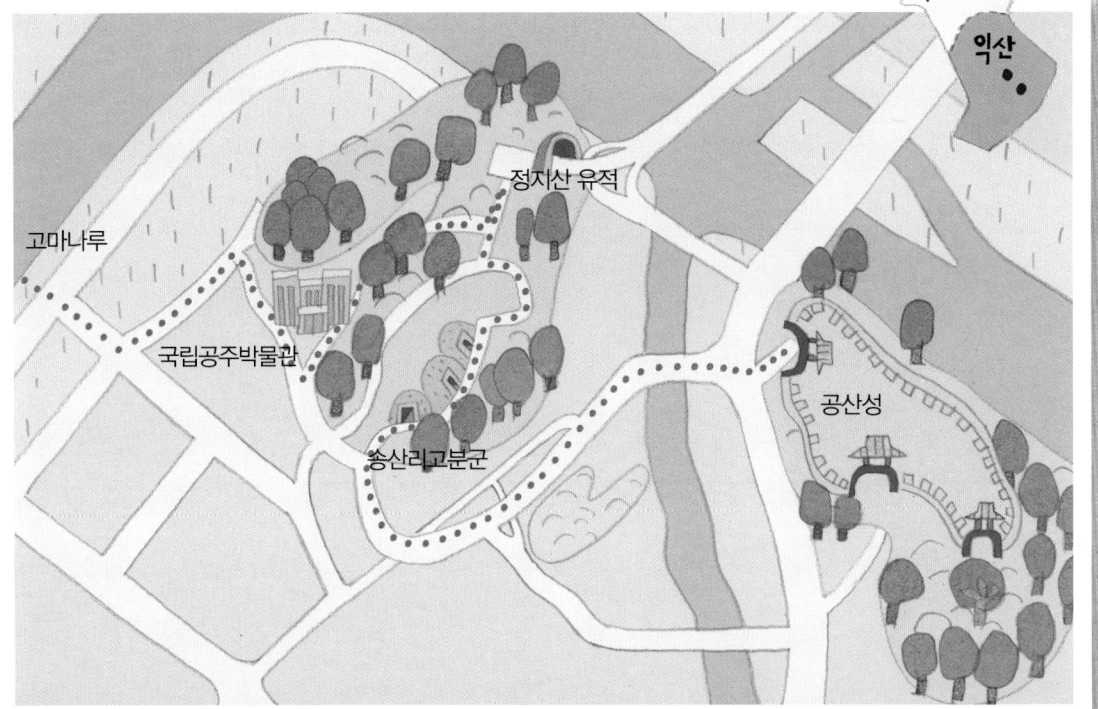

고마나루
정지산 유적
국립공주박물관
송산리고분군
공산성

부여

사비 왕궁이 있었던 관북리유적과 부소산성, 평지에 만들어진 사찰의 원류를 보여주는 정림사지, 사비 시대 왕과 왕족의 무덤인 능산리고분군 그리고 도읍을 방어하는 나성이 있어.

익산

고대 동아시아 왕궁의 구조를 보여 주는 왕궁리유적, 그리고 동아시아에서 가장 규모가 큰 절이었던 미륵사지가 있어.

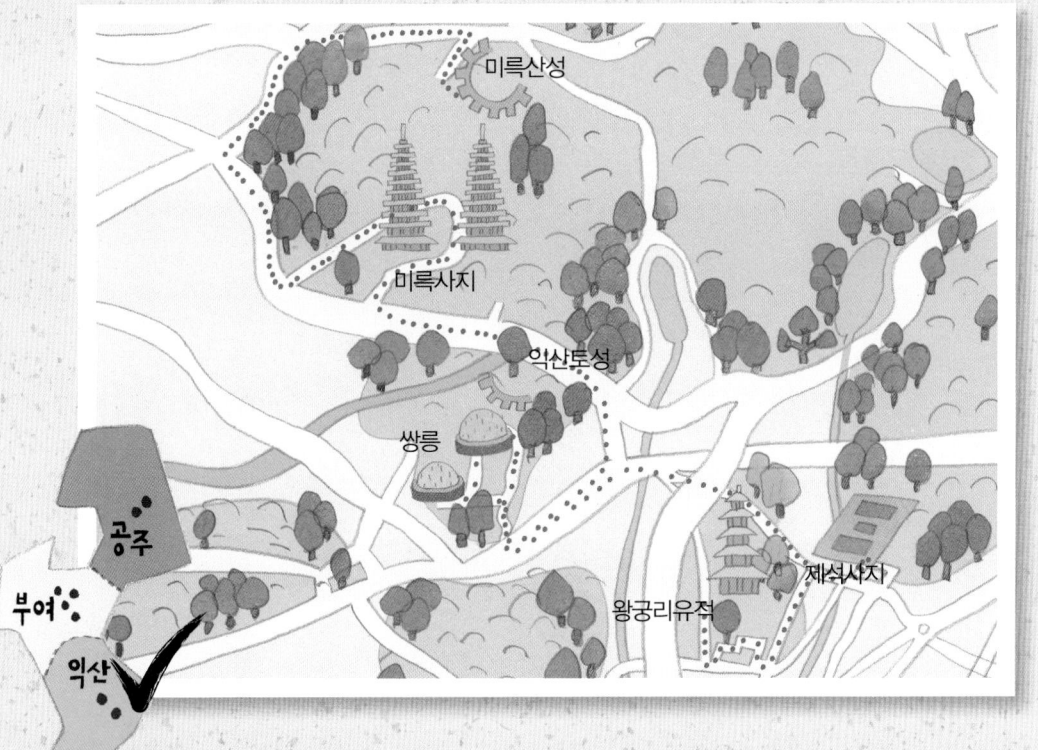

백제, 700년의 역사

한성 백제, 나라를 열다   백제는 중국 요동 지방에 살던 부여족 계통의 온조가 약 2000년 전(기원전 18년)에 지금의 서울인 한성에 세운 나라야. 온조는 고구려를 세운 주몽의 아들로, 처음에 나라 이름을 '십제'라고 지었어. 그러나 13년 후 나라를 하남 위례성으로 옮기고 이름을 '백제'로 고쳤어. 고이왕 때는 영토를 넓히고, 비류왕은 김제에 벽골제라는 큰 저수지를 만들어 농사에 도움이 되도록 해 백성들이 잘살 수 있는 기반을 마련했어.

나라의 부강, 기술과 문화 전파   근초고왕 때에는 백제가 매우 부강해지면서 고구려 평양성까지 진격하기도 했어. 중국 동진에는 사신을 파견하고, 왜왕에게는 일곱 개의 가지가 있는 칠지도를 선물로 주기도 했지. 또 왕인 박사를 일본에 파견해 천자문과 논어를 가르쳤고, 침류왕 때는 인도 승려 마라난타를 맞이하여 불교를 공인하고 일본에도 전파했어.

도읍의 천도, 웅진   개로왕은 대규모 토목 공사를 벌이고 왕실의 권위를 강화하려고 애썼지만, 475년 고구려 장수왕의 침입을 받아 도읍이 함락되면서 죽임을 당했어. 아들 문주왕은 지금의 공주인 웅진으로 급하게 도읍을 옮겼지. 무령왕은 고구려에 선제공격을 하고 섬진강 유역에 진출, 경제를 크게 일으키면서 강국이 되는 발판을 마련했어.

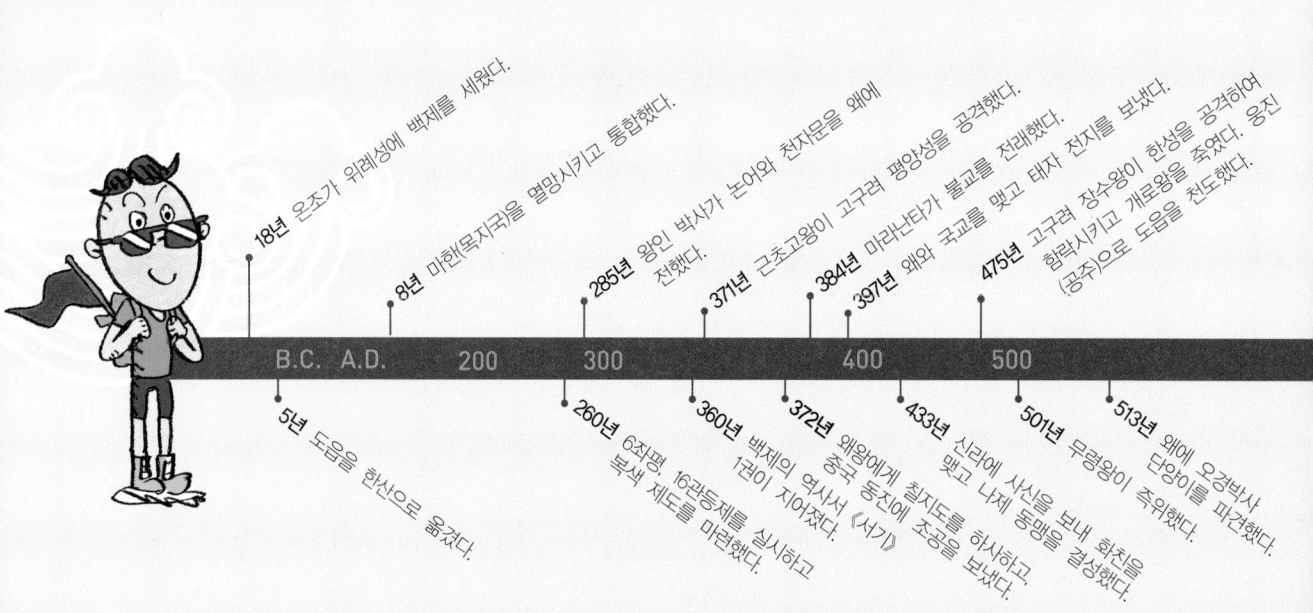

사비를 거쳐 익산으로 웅진은 한 나라의 도읍으로 삼기에는 너무 좁았어. 그리고 금강 상류에 위치하고 있어서 중국, 일본과의 해상 교류가 불편해졌지. 따라서 바다가 가깝고 방어하기 좋은 곳에 긴 성벽을 쌓고 왕궁을 만들어 옮긴 곳이 사비성인데 지금의 부여야. 성왕은 한강 유역을 회복하고자 신라·가야와 연합해 고구려를 공격하고 한강 하류를 차지했어. 그러나 한강은 중국과의 교류 중심 지역이기 때문에 신라가 다시 이곳을 빼앗았지. 화가 난 성왕은 이를 되찾으려 신라를 공격하다가 관산성 전투에서 전사했어. 이후 무왕은 세력 기반이자 출신지인 익산에 제석사와 미륵사를 세우고 새로이 왕궁을 만들어 도읍을 옮기고자 했으나 결국 뜻을 펼치지 못했어.

백제의 멸망과 부흥 운동 무왕의 뒤를 이은 의자왕은 정치도 잘했고 신라와의 전투에서도 승리했어. 하지만 바른말을 하는 신하들을 멀리하고 방탕해지면서 나라는 점차 기울기 시작했어. 한편 신라의 김춘추는 삼국을 통일하고자 중국의 당나라와 손을 잡고 백제로 쳐들어왔어. 계백 장군은 결사대 5천 명을 이끌고 저항했으나 끝내 황산벌 전투에서 패했고, 660년에 백제는 결국 멸망했어. 많은 사람이 중국으로 끌려가고 약탈을 당한 유민들은 의자왕의 아들 풍을 중심으로 백제 부흥군을 조직했어. 백제와 가까웠던 왜가 구원병 2만 7천 명을 보냈으나, 백강 전투에서 신라와 당나라 연합군에 패한 백제는 결국 역사에서 사라지게 되었어.

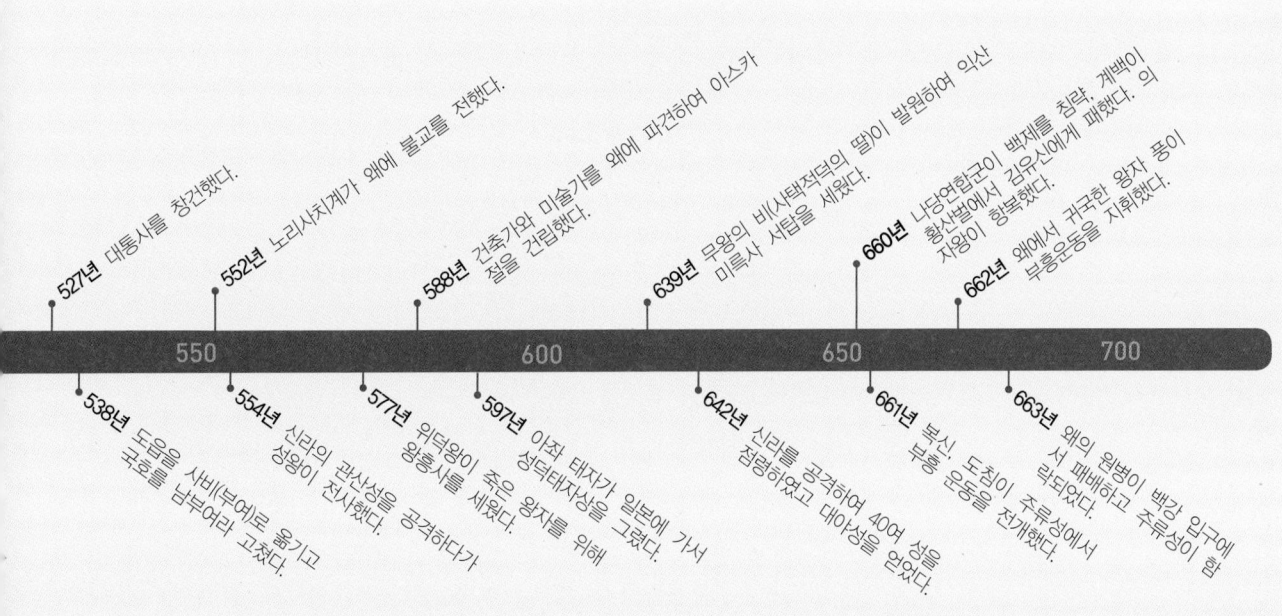

527년 대통사를 창건했다.

552년 노리사치계가 왜에 불교를 전했다.

588년 건축가와 미술가를 왜에 파견하여 아스카 절을 건립했다.

639년 무왕의 비(사택적덕의 딸)이 발원하여 익산 미륵사 서탑을 세웠다.

660년 나당연합군이 백제를 침략, 계백이 황산벌에서 김유신에게 패했다. 의자왕이 항복했다.

662년 왜에서 귀국한 왕자 풍이 부흥운동을 지휘했다.

| 550 | 600 | 650 | 700 |

538년 도읍을 사비(부여)로 옮기고 국호를 남부여라 고쳤다.

554년 신라의 관산성을 공격하다가 성왕이 전사했다.

577년 위덕왕이 죽은 왕자를 위해 왕흥사를 세웠다.

597년 아좌 태자가 일본에 가서 성덕태자상을 그렸다.

642년 신라를 공격하여 40여 성을 점령하였고 대야성을 얻었다.

661년 복신, 도침이 주류성에서 부흥 운동을 전개했다.

663년 왜의 원병이 백강 입구에서 패배하고 주류성이 함락되었다.

백제의 두 번째 도읍 공주

공주는 금강을 중심으로 남쪽에는 공산성과 송산리고분군 등이 위치한 옛 시가지가, 북쪽에는 새로운 시가지가 형성되어 있어. 공산성을 관람하고 무령왕릉이 있는 송산리고분군과 국립공주박물관을 둘러보면 화려했던 당시 왕들의 생활을 알 수 있을 거야. 그리고 고마나루터에서는 옛날에 배를 타고 다녔던 모습을 상상할 수 있어. 시가지 중심 지역에는 공주의 첫 사찰이 있던 대통사지도 있지.

공산성

송산리고분군

무령왕릉

63년간의 도읍 공주

우리가 견학을 온 공주는 475년부터 538년까지 63년간 백제의 도읍이었어. 고구려 장수왕이 한성을 공격해 개로왕이 전사하자 급하게 남쪽으로 도읍을 옮긴 곳이야. 금강을 경계로 강변의 높은 산을 이용해 성벽을 쌓아 막았지. 이곳은 적들이 침범해도 공격하기 어려운 곳이었어. 하지만 주변 형세는 남쪽의 높은 산에서 내려오는 강줄기로 인해 홍수가 나기 쉽고 평지가 부족해 백성들이 살기 어려운 곳이었어. 그래서 당시 왕들은 국력을 회복하고자 차근차근 준비했고, 무령왕 때에 이르러 옛 영화를 회복하기 시작했어. 이때 살았던 왕들의 무덤이 있는 곳이 바로 송산리고분군이야. 무덤은 모두 7기가 남아 있는데 그중 주인을 알 수 있는 곳은 무령왕릉뿐이야.

이 순서로 보세요

공산성 ➡ 송산리고분군 ➡ 정지산 유적 ➡ 국립공주박물관 ➡ 고마나루

정지산 유적

고마나루

국립공주박물관

송산리고분군

공산성

무령왕의 흔적을 찾아 공주로 떠나 볼까?

왕들이 살았던 공산성

공산성 금서루

공산성의 원래 이름은 웅진성이야. 공주의 옛 이름은 '고마나루'였어. '곰'의 옛말 '고마'와 강을 건너다니는 '나루'가 합쳐진 이름이야. 이를 한자로 쓰면 웅진이지. 475년 한성이 함락된 후 문주왕은 남쪽으로 도읍을 옮겼는데, 웅진은 적들의 침입을 막기 좋은 곳이었어. 금강이 북쪽과 동서쪽을 감싸고 있고 남쪽 높은 산 위에는 성벽을 쌓았지. 당시에 쌓은 성벽은 전부 흙을 다져 올려 쌓은 토성이야. 지금 남아 있는 돌로 쌓은 성벽은 조선 시대에 새로 쌓은 거란다.

왕궁터에 있는 큰 건물터는 모서리 기둥 사이에 도랑을 판 후 여러 개의 나무 기둥을 세우고 그 사이에 흙을 채워 벽을 튼튼히 만들었지. 건물 주위의 둥근 연못은 불이 났을 때 바로 물을 퍼 올려 끌 수 있도록 만든 것이야. 왕궁터에는 나무로 만든 곡식을 저장하던 창고 건물터도 남아 있어.

성안에서는 왕과 신하들이 정사를 다루던 각종 건물 유적이 발굴되었어. 성안의 평탄한 곳에는 백제 유적이 많이 남아 있었어. 지금 높이에서 4~7미터 아래 깊이에서 각종 건물터, 계단, 도로, 연못, 우물 등이 드러났어. 또한 중국 당나라로 갑옷을 수출했다는 기록이 있는데, 645년에 만들어진 옻칠된 가죽 갑옷이 출토되어 이를 뒷받침하고 있어.

660년 사비성이 함락될 때 의자왕은 태자와 함께 이곳으로 피신했어. 신라와 당나라의 연합군에 대항할 수 있는 천연 요새였기 때문이야. 그러나 이미 계백 장군이 이끈 결사대 5000명도 패했기 때문에 이를 막을 군사가 거의 없어 결국 항복하고 말았어. 의자왕은 왕자들과 신하들, 백제 백성 1만 2000명과 함께 당나라로 끌려갔고, 얼마 지나지 않아 병에 걸려 죽었어.

고마나루의 슬픈 전설

옛날 금강 건너편 연미산에 살던 처녀 곰은 나무꾼 총각을 납치하여 남편으로 삼고 자식을 둘이나 낳았어. 그러나 나무꾼은 도망갔고, 슬픔을 견디지 못한 곰은 두 아이를 안고 금강에 빠져 죽었다는 전설이 전해지고 있어. 강을 건너던 나루터였던 이곳 백사장에는 곰사당이 있고, 제사를 올리고 있어.

공산성 한눈에 보기

공산성에는 백제와 조선 시대의 건물이 역사적 고증을 거쳐 복원되어 있어. 성을 따라 걸으며 백제의 왕궁을 품고 있던 공산성의 위엄을 느껴보자.

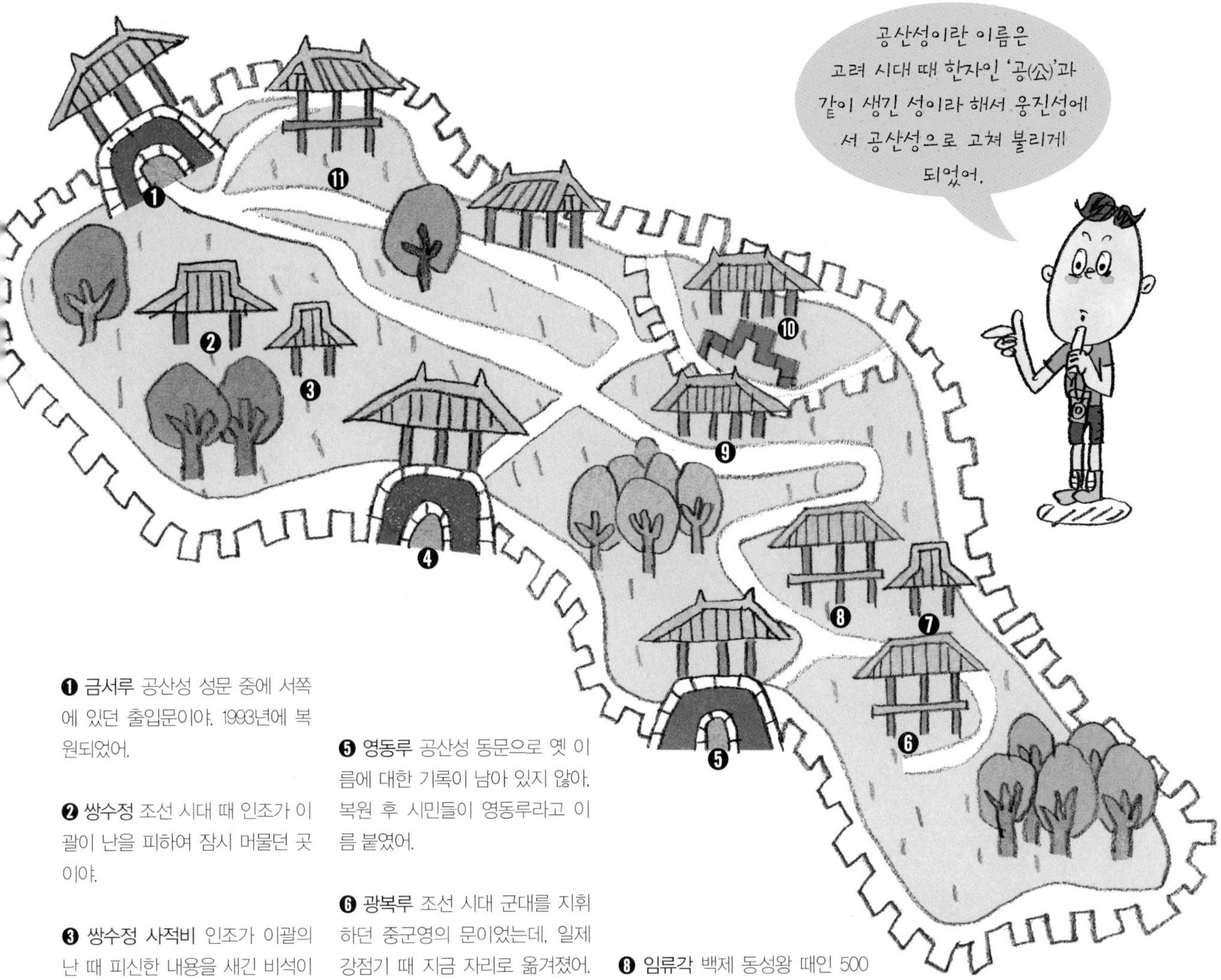

공산성이란 이름은 고려 시대 때 한자인 '공(公)'과 같이 생긴 성이라 해서 웅진성에서 공산성으로 고쳐 불리게 되었어.

❶ 금서루 공산성 성문 중에 서쪽에 있던 출입문이야. 1993년에 복원되었어.

❷ 쌍수정 조선 시대 때 인조가 이괄이 난을 피하여 잠시 머물던 곳이야.

❸ 쌍수정 사적비 인조가 이괄의 난 때 피신한 내용을 새긴 비석이야. 당시 영의정 신흠이 지었고 글씨는 숙종 때 남구만이 썼어.

❹ 진남루 공산성 남문인데 1971년 새로이 고쳐 쌓았어.

❺ 영동루 공산성 동문으로 옛 이름에 대한 기록이 남아 있지 않아. 복원 후 시민들이 영동루라고 이름 붙였어.

❻ 광복루 조선 시대 군대를 지휘하던 중군영의 문이었는데, 일제 강점기 때 지금 자리로 옮겨졌어. 그 후 1946년 김구 선생이 '광복'이라는 이름을 붙여 지금까지 유지되고 있어.

❼ 명국삼장비 정유재란 때 왜적을 막고 백성들에게 선정을 베푼 명나라 이공. 임제. 남방위에 대한 감사 글을 새긴 비석이야.

❽ 임류각 백제 동성왕 때인 500년에 지은 연회 장소로 추정되는 곳이야. 건물은 1993년 발굴된 규모로 복원했어.

❾ 영은사 1458년에 지어진 사찰로 임진왜란 때 승병의 숙소로 사용되었어. 특이하게도 산성 안에 사찰을 세웠어.

❿ 연지와 만하루 공산성 내 단을 지어 가지런하게 쌓은 연못이야. 이 옆에서 백제 시대 연못이 발굴되었고 사다리도 출토되었어. 바로 앞쪽의 만하루는 금강을 감시하거나 경치를 관람하던 곳이야.

⓫ 공산정 금강의 아름다운 풍경을 바라볼 수 있는 곳으로 2009년 시민들이 이름을 지었어.

● **수문병 교대식**
기간 : 5월∼10월
매주 토·일요일 (6∼8월 혹서기 제외)
장소 : 공산성 일원 (매시각 진행)

무령왕릉과 송산리고분군

🌸 무령왕
백제 제25대 왕으로 이름은 사마 혹은 융이라고 해. 40세에 왕위에 올라 고구려의 침입을 물리치고 백제를 부흥시켰어. 왜에 오경박사를 보내 새로운 지식을 전파했고 중국 양나라에서는 영동대장군이라는 칭호를 내릴 정도였어.

🌸 사신도
동쪽에는 푸른 용, 서쪽에는 흰 호랑이, 남쪽에는 붉은 봉황, 북쪽에는 거북의 몸과 뱀이 합쳐진 현무를 무덤 네 벽에 그린 그림이야. 네 방위를 뜻하는 상상의 동물로 고구려 무덤에 많이 그려져 있어.

공산성에서 서쪽으로 낮은 야산이 보이는데, 이곳에 왕들의 무덤이 모여 있는 송산리고분군이 있어.

송산리고분군에는 모두 7기의 무덤이 남아 있어. 그중 유일하게 주인을 알 수 있는 곳은 무령왕릉뿐이야. 나머지는 일제 강점기에 대부분 도굴되었어. 1~5호분은 돌로 쌓은 굴식돌방무덤이고, 6호분과 무령왕릉은 벽돌을 차곡차곡 쌓아 벽을 만들어 올린 터널 형태의 무덤이야. 연꽃 문양의 벽돌은 부여 인근에서 제작한 뒤 배로 옮겼어. 6호분에는 유물이 전혀 남아 있지 않았지만 네 벽에 사신도가 그려져 있어.

무령왕릉은 1971년 배수로 공사를 하던 중 발견되었어. 기록으로만 남아 있던 무령왕의 존재가 확인되는 순간이었어. 무덤으로 들어가는 복도에는 토지 신에게 무덤을 사는 동전 꾸러미와 무령왕이 죽었을

송산리고분군 한눈에 보기

웅진 시기의 왕릉이 모여 있는 곳인데 현재 무령왕릉을 포함하여 7가 있어.
고분군의 이름은 조사 순서에 따라 매겨졌어.

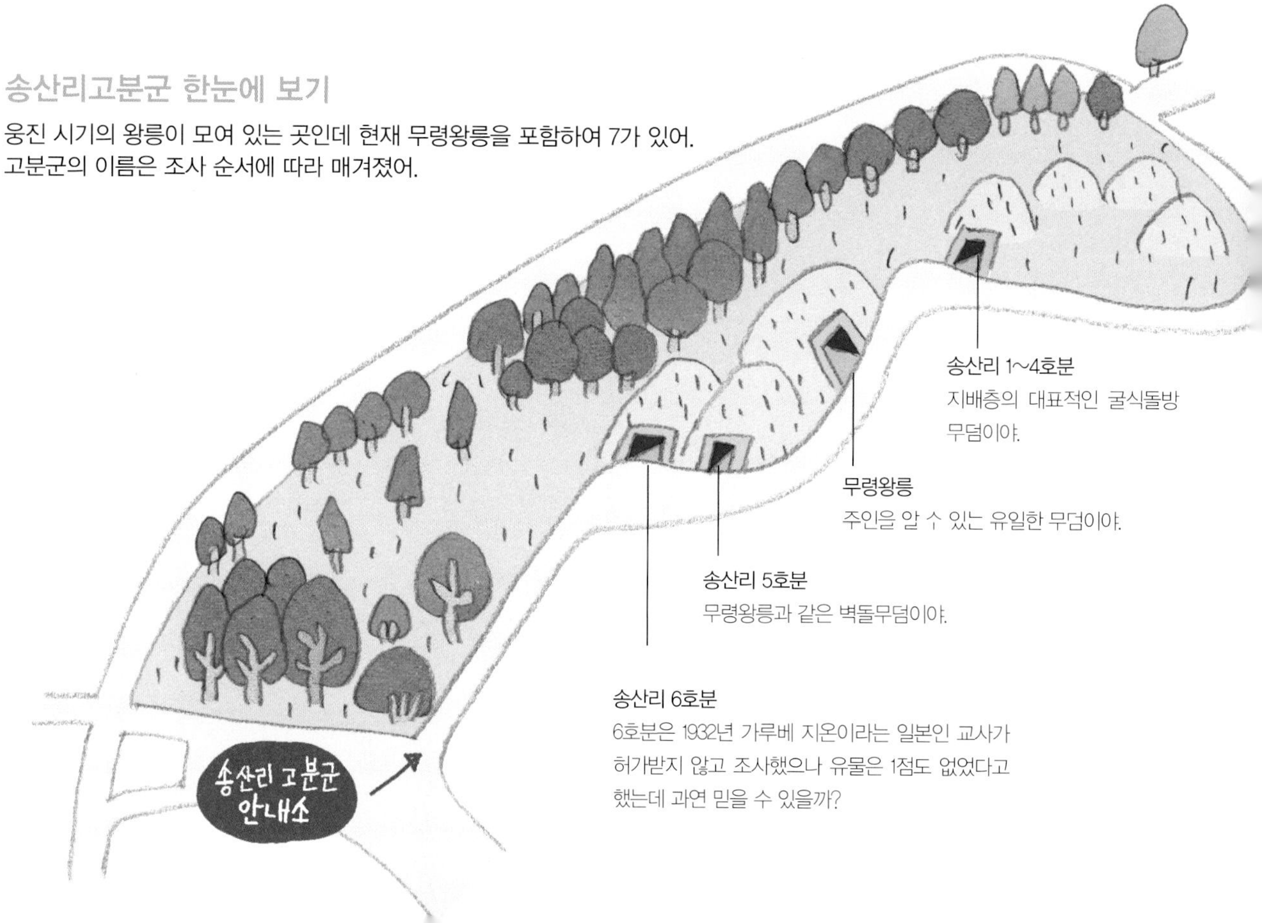

송산리 1~4호분
지배층의 대표적인 굴식돌방무덤이야.

무령왕릉
주인을 알 수 있는 유일한 무덤이야.

송산리 5호분
무령왕릉과 같은 벽돌무덤이야.

송산리 6호분
6호분은 1932년 가루베 지온이라는 일본인 교사가 허가받지 않고 조사했으나 유물은 1점도 없었다고 했는데 과연 믿을 수 있을까?

송산리 고분군 안내소

때의 나이와 연도가 적힌 지석이 있었어. 악귀를 쫓는 상상의 동물 진묘수도 있었지. 무령왕은 왕비와 함께 묻혀 있었어.

발굴 당시 바닥에는 나무 널이 있었는데, 흥미로운 점은 나무로 만든 널이 일본에서 건너온 소나무인 금송으로 만들어진 거야. 이 널들을 들어내자 왕과 왕비가 치장했던 금으로 만든 관꾸미개와 귀걸이, 목걸이 등 4600여 점에 이르는 다양한 유물이 출토되었어. 지금 사용해도 될 정도로 모양이 아름답고 세련되어서 백제의 훌륭한 문화 수준을 짐작해 볼 수 있는 유물이야.

고분군 입구에는 웅진백제역사관이 있는데 여러 가지 백제 문화를 느낄 수 있는 체험 시설이 있어. 또 모형 전시관에는 무령왕릉과 5·6호분 내부를 똑같이 만들어 놓았고, 발굴 과정과 무덤의 구조를 알 수 있는 모형도 있어.

또 무덤 뒤쪽으로 약 1킬로미터 돌아가면 정지산 유적이 있어. 발굴된 건물터와 여러 시설로 보아 왕과 왕비가 죽은 뒤 무덤에 묻히기 전 2년간 제사를 지낸 장소로 추정하고 있어.

🌸 정지산 유적
백제 시대 왕실의 제사 유적으로 추정하고 있어. 금강으로 들어오는 적들의 동태를 파악하기 위한 시설로 보는 견해도 있어.

무령왕릉 내부
무덤 내부를 벽돌로 만든 것은 중국 양나라와 밀접한 관련이 있어. 이 시기에 백제는 굴식 돌방무덤이 유행했는데, 무령왕 때 중국과 교류가 활발해지면서 중국식 벽돌무덤 풍습을 도입한 것 같아.

2001년 일본 아키히토 일왕은 50대 간무천황의 어머니가 무령왕의 자손이라고 밝혔어. 고대에는 백제와 왜가 매우 친밀한 관계였다는 것을 알 수 있어.

국립공주박물관

    국립공주박물관에는 무령왕릉과 공주 주변 지역에서 출토된 유물이 전시되어 있어. 특히 왕과 왕비의 나무 널까지 재현해서 무령왕릉이 어떠한 구조인지 알기 쉽게 만들어 놓았어. 무령왕릉에서 출토된 유물은 대부분 국보로 지정되었을 만큼 매우 중요해. 2층 전시실엔 공주 주변에서 발굴되었거나 기증된 유물들이 전시되고 있어.

    고마나루터는 박물관 서편 길 건너 강변에 있어. 곰사당도 있고 고즈넉하게 저녁노을 즐길 수 있는 곳이야.

무령왕릉 복원 모형도

무령왕릉 지석 장례 지낼 때 토지신에게 땅을 산다는 내용이 작성되어 있는 돌판이야.

연꽃무늬벽돌 연꽃무늬가 절반씩 새겨진 벽돌 두 장이 하나로 합쳐진 형태야.

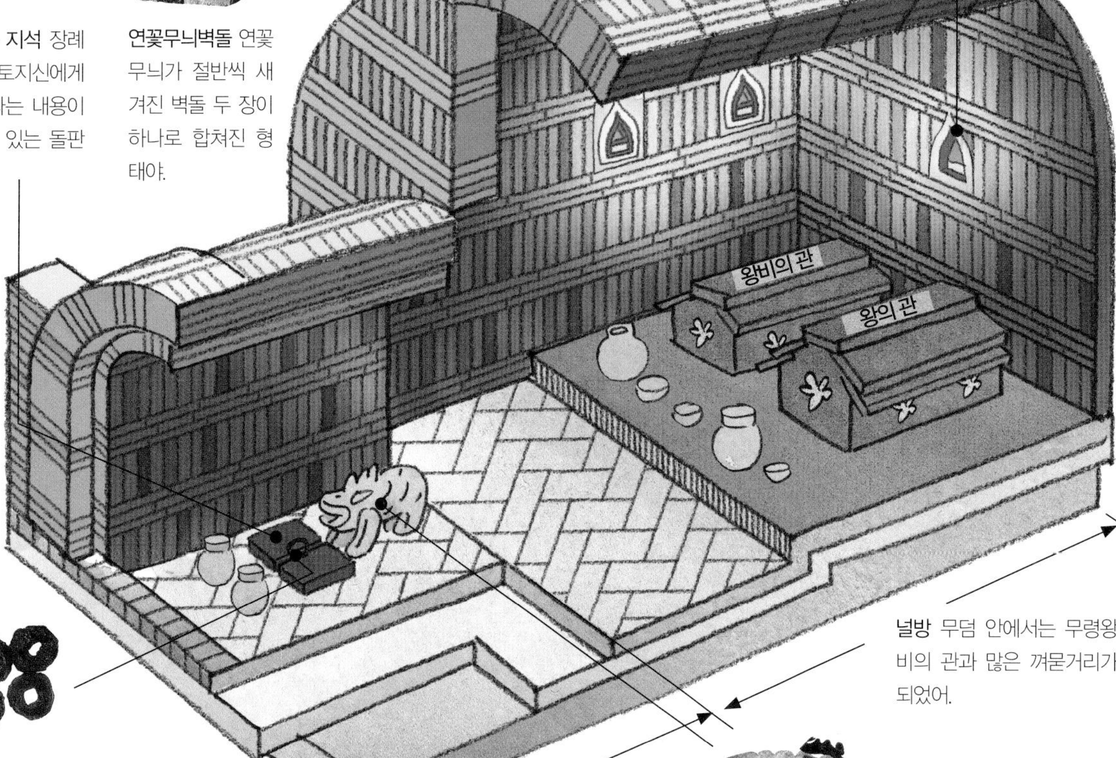

등감 등잔을 올려놓는 곳이야.

아치형 천장

왕비의 관

왕의 관

널방 무덤 안에서는 무령왕과 왕비의 관과 많은 껴묻거리가 발견되었어.

오수전 양나라 때 백제로 전해졌어. 중국과의 교류를 알려 주는 유물이야.

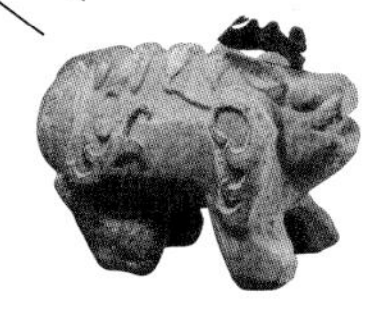

널길 널방으로 들어가는 길이야.

진묘수 악귀를 쫓는 돼지처럼 생긴 상상의 동물이야. 중국의 무덤에서 많이 나와.

대통사지는 공주 시가지 중심에 있어. 공주에 처음 만들어진 사찰터인데, 이곳에 당간지주와 절터에 사용된 각종 돌로 만든 건축 부재들이 남아 있어. 연꽃 무늬 장식이 있는 돌로 만든 큰 물통이 있었는데 지금은 박물관으로 옮겨 전시 중이야. 또, 2018년 7월에 공주 마곡사가 유네스코 세계유산에 등재되었어.

마곡사 대웅보전

무령왕릉 출토 유물

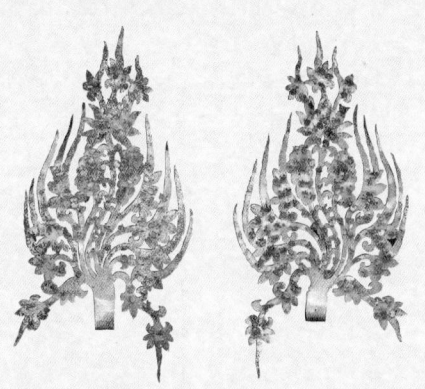

왕의 금제관꾸미개 금판을 오려 만든 불꽃 형상에 날개 장식이 달렸어.

왕비의 금제관꾸미개 인동당초무늬가 막 피려는 꽃봉오리로 표현되었어.

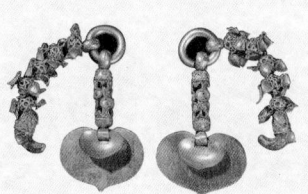

왕의 금귀걸이 눈부신 황금과 푸른 옥이 아름다워.

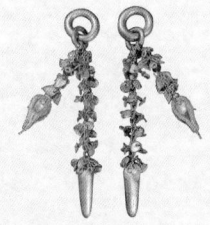

왕비의 금귀걸이 큰 고리와 작은 고리로 이루어진 정교한 장식이 돋보여.

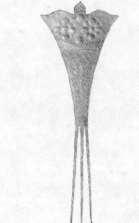

왕의 금제뒤꽂이 머리 모양을 고정하면서 머리를 화려하게 꾸미는 장신구야.

왕의 발받침 금으로 6각형 문양을 장식했어.

왕비의 베개 봉황머리 장식이 부착된 화려한 모습이야.

큰 도읍의 완성, 부여

이제 부여로 가 보자. 부여의 백제 유적은 모두 도심지에 있어. 중요한 유적들이 가까이 있어서 지도 한 장만 있으면 쉽게 찾을 수 있지. 먼저 세계유산인 관북리유적과 부소산성을 보고, 정림사지로 오면 백제의 석탑이 기다리고 있지. 그리고 왕들의 무덤인 능산리고분군과 능산리사지, 나성을 볼 수 있어. 그리고 국립부여박물관과 궁남지를 비롯해 많은 유적이 있으니 천천히 둘러보자.

부소산성

정림사지

능산리고분군

백제의 혼이 깃든 곳, 부여

부여는 백제의 마지막 도읍지야. 북쪽과 서남쪽을 휘감아 도는 금강은 자연 방어 시설이 되었고, 동쪽으로는 긴 성벽, 즉 나성을 쌓아 적의 침입에 대비했어. 무령왕 다음 왕인 성왕은 모든 준비를 마친 후, 538년에 도읍을 공주에서 부여(사비)로 옮겼어. 120년 동안 왕궁을 비롯한 많은 사찰이 만들어졌어. 중국 역사서인 《주서》〈백제전〉에는 백제에 사찰과 탑이 매우 많다고 기록되어 있어. 지금 부여에는 정림사 석탑만 남아 있지만 수많은 사찰과 함께 목탑터가 발굴되었어. 왕과 귀족들의 무덤은 나성 바깥쪽에 마련되었고 그 옆에는 제사를 지내기 위해 능사라는 절도 세웠어.

이 순서로 보세요

관북리유적과 부소산성 ➡ 정림사지 ➡ 국립부여박물관 ➡ 능산리고분군 ➡ 능산리사지 ➡ 나성
이외 가볼 곳 궁남지와 군수리사지, 왕흥사지

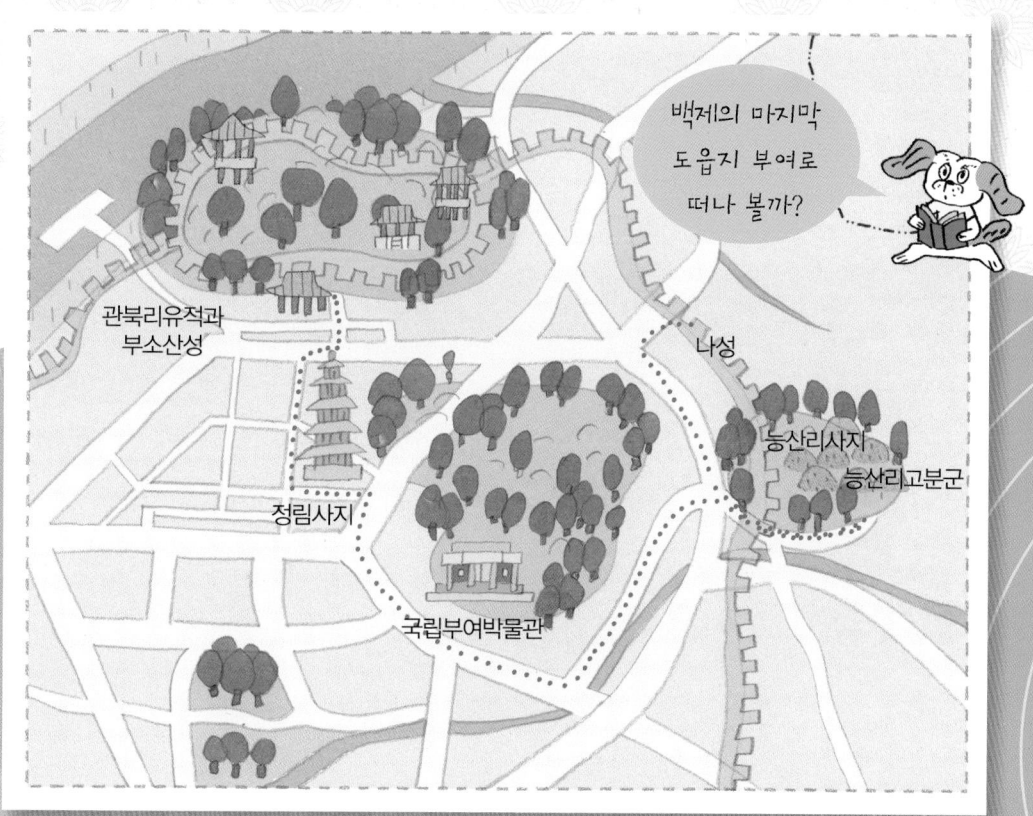

관북리유적과 부소산성

관북리 목곽 저장시설
음식물을 저장하는 창고로 쓰였어.

백제의 빙고

최근 관북리유적에서 400미터 거리의 구드래 유적에서 백제 빙고가 발굴되었어. 땅을 깊게 파고 바닥에는 물이 잘빠질 수 있도록 긴 배수로를 만들었어. 겨울에 쌀겨를 채우고 얼음을 포개어 지붕을 잘 덮어 저장하면 여름까지 유지되었어. 한 번 열면 모두 먹어야 하니까 작은 규모로 여러 개를 만들었어.

🌸 **금당**
절에서 본존상을 모신 법당을 말해.

부여 도심지 북쪽에 위치한 관북리유적과 부소산성은 백제 사비 시대(538~660)의 왕궁 유적이야. 지금까지 30여 년간 발굴했지만 아직 일부만 확인되었어.

관북리유적에서는 35미터에 이르는 대형 전각 건물터와 음식물을 저장했던 창고터, 공방터, 연못, 도로 등이 발굴되었어. 음식물 저장 창고는 땅을 깊게 파서 나무틀이나 돌로 벽을 만든 구조야. 안에서 참외, 복숭아, 다래, 살구, 오이 등의 씨가 많이 출토된 것으로 보아 냉장고처럼 서늘한 기온을 유지하는 곳임을 알 수 있어. 10미터 크기의 돌로 쌓은 사각형 연못 안쪽에서는 연꽃 줄기와 함께 짚신도 나왔어. 그러나 왕이 묵던 궁궐터는 어디인지 파악할 수 없어. 왜냐하면 가장 중심 위치에 조선 시대 동헌과 객사 건물이 남아 있어서 그 아래를 발굴할 수가 없기 때문이야. 앞으로 주변을 계속 발굴하면 왕궁과 관련된 많은 유적을 확인할 수 있을 거라 기대하고 있어.

부소산성은 왕궁 뒤쪽에 위치한 방어 시설이야. 위급한 경우 왕과 왕족이 피신할 수 있도록 성곽을 쌓았는데 남문과 동문 터가 확인되었어. 서복사라는 절터도 발굴되었는데, 탑과 금당이 있고 금동제허리띠가 출토되어 왕실의 사찰로 보고 있어. 성안에는 군인들이 먹고 자는 움집터와 곡식을 보관하는 창고가 있어. 조신 시대에도 이곳을 창고로 사용했어.

그리고 금강 쪽으로 내려가면 삼천궁녀가 꽃처럼 떨어져 죽었다는 낙화암이 있어. 《삼국유사》 기록에는 신라와 당나라 군사들이 쳐들어

오자 후궁들이 굴욕을 당하지 않으려고 이곳에 와서 빠져 죽었다고 해. 당시 이름은 타사암이었다고 전해져. 그 아래 고란사는 낙화암에서 떨어진 궁녀들을 위로하기 위해 고려 시대 때 만들어졌다고 해.

백제의 도로는?

6세기에는 남북, 동서로 직선도로를 만들어 계획된 왕궁과 주택 단지를 만들었어. 지금도 일부 흔적을 확인할 수 있어. 고구려와 신라 도읍에서도 도로가 만들어졌고, 일본 아스카와 나라에도 남아 있어. 부여에서는 지하 2~3미터 아래에서 발굴되고 있어.

부소산성 한눈에 보기

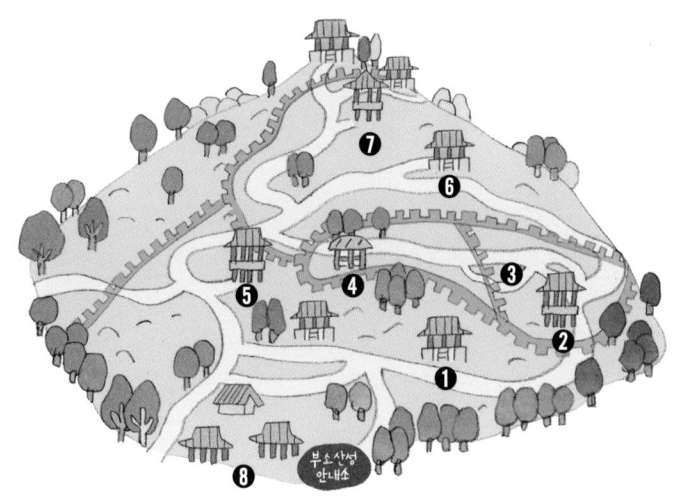

❶ **삼충사** 백제 충신인 성충. 흥수. 계백의 영정이 모셔진 곳이야.
❷ **영일루** 1964년 홍산관아 정문을 옮겨 지은 이층 누각이야.
❸ **군창지** 군량미를 보관하던 창고로 백제 시대부터 조선 시대까지 사용되었어.
❹ **수혈주거지** 백제 군인들이 묵던 움집 자리로 추정되는 곳이야.
❺ **반월루** 1972년에 건립된 누각이 있어.
❻ **궁녀사** 백제 궁녀를 위로하기 위해 지은 사당이야.
❼ **사자루** 부소산에서 제일 높은 곳으로 주변의 풍광을 즐길 수 있어.
❽ **부여 동헌과 객사** 1869년 지어진 조선 시대 관청 건물과 관리가 머물던 곳이야.

관북리유적과 부소산성 출토 유물

부소산성 출토 금동광배
금동불상 뒤에 세우는 장식으로 백제인의 뛰어난 미적 감각을 알 수 있어.

서복사지 출토 치미
지붕 양쪽 끝에 올리는 새 날개 같은 기와 장식이야.

사람 얼굴이 그려진 그릇
먹과 붓을 이용해 토기 바닥에 그림을 그렸어. 관북리유적에서 출토되었어.

백제의 운명을 품은 정림사지

🏵 **회랑**
건물과 건물을 연결하는 복도 같은 건축물이야.

🏵 **강당**
절에서 경전을 강의하거나 설법하는 장소야.

🏵 **승방**
스님들이 주무시거나 기거하는 방이야.

🏵 **기단**
집의 건물이 들어가는 곳을 한 단 높게 만든 곳이야.

정림사지는 부여 중심에 위치한 사찰터야. 백제 시대에 만들어진 석탑과 북쪽에 고려 시대 불상 및 새로 건립된 건물이 있어. 1942년부터 2011년까지 수차례 발굴해 보니 양쪽으로는 긴 회랑 건물이 있고 강당 양쪽으로는 스님들이 머물던 승방이 있었어. 사찰은 백제의 전형적인 1탑과 1금당 구조를 띠고 있어. 보통 사찰은 기단을 돌로 만들고 그 위에 건물을 세우는데 독특하게 건물 기단을 기와를 세워서 쌓았어. 정림사지 5층 석탑은 백제의 목조 건축 형식을 갖추었으나 미륵사탑보다는 단순한 모습이야. 균형 잡힌 5층탑은 비례가 완벽해서 더 아름다워. 제작 시기는 보통 640년대에서 650년대 사이로 보

우아!

얼른 보면 목탑의 구조와 비슷하지만 돌의 특성을 살려 전체적인 형태가 매우 우아하고 아름다워.

5층

4층

3층

2층

1층

기단

정림사지 5층 석탑

는 견해가 많아. 왜냐하면 660년 8월 15일, 당나라 소정방이 백제를 점령하고 탑에 기록을 남겼거든. 1층 탑신을 자세히 보면 이에 관한 글자가 남아 있어. 제목은 '대당평백제국비명' 이라고 해서 당나라가 백제를 평정했다는 뜻이야. 31대 의자왕과 왕자 융, 효 및 관리 등 700명을 당나라에 압송하고 백제 땅에 5도독과 37주 250현을 두어 통치한다는 것이며, 당시 백제 인구가 620만 명이라고 기록되어 있어.

강당터에 모셔진 불상은 심한 화재로 형체를 알아보기 힘들고, 지금의 머리와 그 위의 보관은 후대에 다시 만들어 올려서 어색해 보여. 불상 아래 대좌는 연꽃 문양으로 볼 때 통일신라 시대의 전통을 따르고 있어. 1028년 대대적으로 사찰을 새롭게 만들었다는 기록이 있는 것으로 보아 고려 시대 때 작품으로 보고 있어.

이 사찰이 중요한 이유는 완벽한 비례미를 가진 석탑이 백제의 기술을 보여 주고, 일본과 통일신라에 석탑 건축 기술을 전파한 흔적이 있기 때문이야. 그리고 아픈 역사를 그대로 품고 있는 것도 잊지 말아야 해.

대당평백제국비명 탁본
패망의 안타까운 역사가 새겨져 있어.

🏵 **소정방**
중국 당나라의 장군(592～667). 660년에 나당 연합군의 대총관으로 13만의 당군을 거느리고 백제 사비성을 함락시켰어.

🏵 **탑신**
탑기단과 탑머리 사이의 탑의 몸이야.

여기서
잠깐!

정림사지박물관에 들러보자
정림사지 바로 옆에는 정림사지박물관이 있어. 백제 건축과 불교 전래 내용을 알기 쉽게 보여 주고, 정림사를 축소 복원해 놓아 당시의 찬란했던 모습을 엿볼 수 있어.

정림사 복원 모형

● **정림사지박물관**
충남 부여군 부여읍 정림로 83
관람시간 : 하절기(3월～10월) 09:00～18:00
동절기(11월～2월) 09:00～17:00
지정휴관일 : 1월 1일, 설날, 추석

왕들이 잠든 곳, 능산리고분군

동하총 사신도 중 백호도

부여 시가지에서 논산으로 나가는 야산 구릉에 무덤들이 보여. 사비 도성 성곽인 나성 바깥에 무덤을 마련한 이유는 생활 공간인 도심지와 구분하기 위해서였어. 고분군 입구에서 올라가면 중앙에 7기의 봉분이 봉긋하게 솟아 있어. 그런데 동, 서 양쪽 낮은 야산에도 왕릉급의 무덤이 있어. 최근 발굴된 2기를 포함하면 모두 20기의 무덤이 있으나 땅 위에 드러나지 않아서 모두 볼 수는 없어.

능산리고분군 한눈에 보기

능산리고분군은 백제왕릉원이라고도 해. 백제 왕들로 추정되는 사비 시기 왕릉 7기가 모여 있기 때문이야. 이곳 무덤들은 모두 굴식돌방무덤으로 만들어졌는데 이 무덤 형태는 신라와 일본에도 전해졌어.

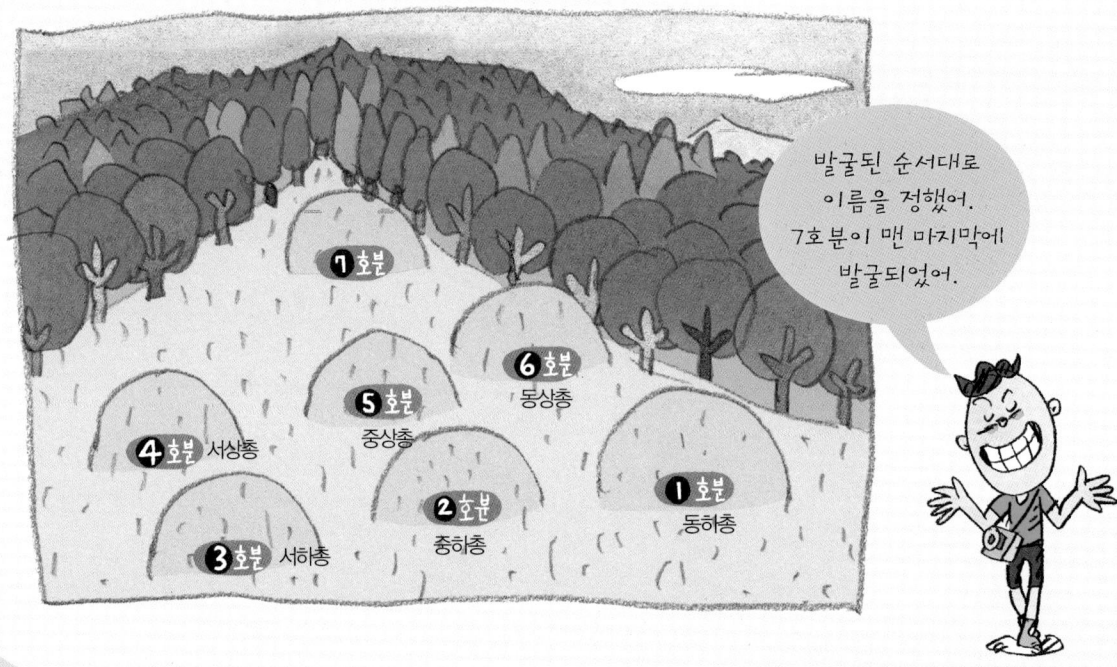

발굴된 순서대로 이름을 정했어. 7호분이 맨 마지막에 발굴되었어.

7호분

6호분 동상총

5호분 중상총

4호분 서상총

1호분 동하총

2호분 중하총

3호분 서하총

7기의 무덤은 앞, 뒤쪽으로 3기씩, 맨 위쪽에 1기가 있어. 이곳의 무덤들은 모두 전형적인 굴식돌방무덤 구조야. 돌을 잘 다듬어서 벽과 천장을 만들고, 크기도 목관이 들어갈 정도로 작게 만들었어.

　우선 동쪽 아래에 있는 1호분에는 네 벽에 사신도가 그려져 있고, 천장에는 연꽃과 구름무늬가 그려져 있어. 그러나 지금은 안을 들여다볼 수 없어. 벽화를 보존하기 위해 온·습도 조절 장치가 설치되었거든. 옆쪽의 무덤들도 발굴되었지만 보존하기 위해 모두 흙으로 덮었어. 최근 발굴된 무덤을 보면 목관이 놓이는 돌방의 모양이 6각형으로 약간 기와집 같은 느낌을 주지. 그 내부에서 출토된 나무 널 파편은 왜에서 건너온 금송이야. 옻칠과 금판으로 장식되어 있었어. 무령왕릉에서도 같은 것이 출토된 것을 볼 때 계속해서 교류가 있었다는 것을 알 수 있어.

굴식돌방무덤의 구조

굴식돌방무덤은 백제 지배 계층의 대표적인 무덤 형식이야. 매장하는 공간을 넓게 비우고 돌을 쌓아 만들며 입구에 무덤으로 들어가는 길이 있는 것이 특징이지. 능산리고분군의 무덤은 모두 굴식돌방무덤이지만 천장의 모양에 따라 3가지로 나눌 수 있어.

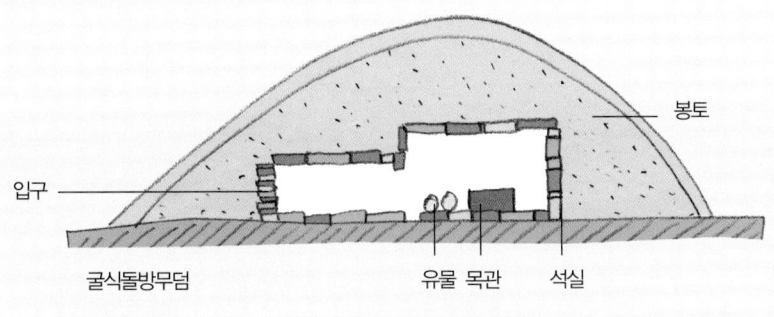

봉토 / 입구 / 굴식돌방무덤 / 유물 목관 / 석실

볼트형 구조 (2호분)
길게 다듬은 돌을 사용하여 천장을 터널형으로 쌓았어.

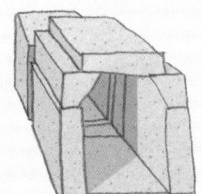

평천장 구조 육각형 (3~7호분)
무덤의 상단 부분이 육각으로 처리된 것이 특징이야.

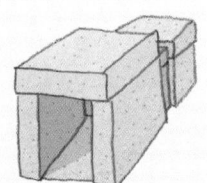

평천장 구조 사각형 (1호분)
벽면과 천장에 커다란 판석을 하나씩만 사용했어.

왕들의 제사터 능산리사지와 백제금동대향로

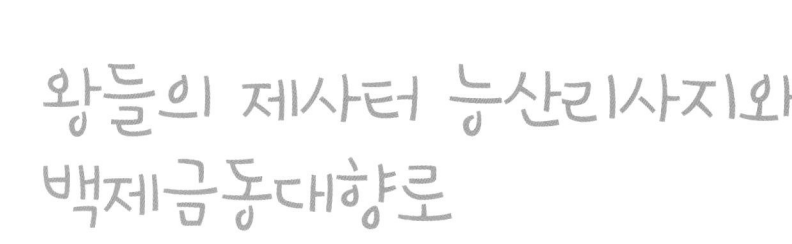

왕들이 묻힌 무덤가에는 제사를 지내던 절터가 있어. 바로 능산리사지야. 능사라고도 해. 무덤 서쪽 전시관 옆으로 가면 산 중턱에 나성이 보여. 그 사이로 기단이 복원되어 있는 건물터 모두가 절터야. 중문과 목탑, 금당과 강당이 모두 일직선으로 연결되는 전형적인 백제 사찰이지. 그런데 발굴 중에 아주 중요한 유물들이 출토되었어. 돌로 만든 사리감과 백제금동대향로야.

돌로 만든 사리감은 부처님의 사리를 넣어 탑 중앙 땅속에 묻은 것인데, 누가 부탁해서 언제 만들었는지 알 수 있는 글자가 새겨져 있었어. 성왕이 관산성 전투에서 신라군에게 전사하자 창왕(위덕왕)의 여동생인 매형 공주가 567년에 성왕의 명복을 빌고자 만들었다고 해. 백제금동대향로는 절터 내의 공방터 구덩이에서 출토되었어. 연꽃봉오리 형태로 위에는 봉황이 올라앉아 있고,

백제금동대향로

백제금동대향로 제작 과정

백제금동대향로는 당시 금속 공예 기술의 최고 걸작이야. 다채로운 모양과 정교한 무늬가 섬세하게 표현되어 있어. 기본 그림 그리기, 무늬 조각하기, 합금과 주조, 도금의 단계를 거쳐 제작했어.

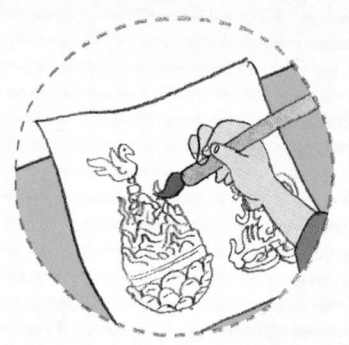

1. 기본 그림 그리기
백제금동대향로의 전체 모양을 그림으로 구상하는 단계야.

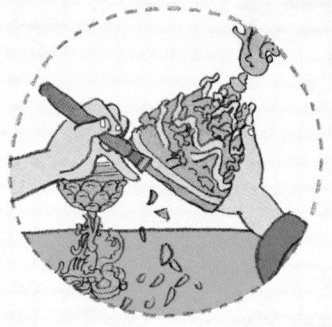

2. 원본 조각 다듬기
도안에 따라 향로의 모양을 조각하는 단계로 벌집과 송진을 잘 섞은 밀랍에 여러 가지 모양들을 조각했어.

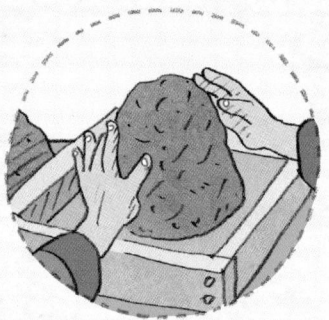

3. 거푸집 만들기
틀을 만드는 작업이야. 붓으로 고운 진흙을 촘촘히 바른 뒤 모래를 섞은 진흙을 덧칠해서 두껍고 단단하게 만들어.

아래에는 용이 받치고 있어. 뚜껑에는 산봉우리가 층층이 겹쳐진 사이로 36마리의 상상의 동물, 악기를 연주하는 5명의 악사, 17명의 신선, 나무와 시냇물, 폭포와 호수가 변화무쌍하게 표현되어 있어. 그 사이로 12개의 구멍이 있는데, 향을 태운 연기가 빠져나오면 마치 산에 안개가 낀 모습 같아. 아래에는 연잎 사이로 2명의 신선과 물고기와 물가에 사는 동물들이 조각되어 있어. 그리고 향로를 받치는 용은 머리 위로 향로를 받치고 아래로는 물속의 동물을 상징하듯 파도를 표현하였어. 백제의 뛰어난 기술을 한눈에 보여주는 작품이야.

국립부여박물관에 가면 꼭 감상해 보렴.

백제금동대향로 발견 당시 모습

복원된 능산리사지

여기서
잠깐!

능산리사지의 모습을 볼 수 있는 곳이 있어. 바로 백제문화단지야. 멋진 모습을 꼭 확인해 보렴.

4. 거푸집에 청동 붓기
완성된 거푸집에 청동을 부어 향로를 만들어. 액체 상태의 청동을 부을 때 공기구멍이 생기지 않도록 주의해야 해.

5. 도금하기
청동 향로의 표면에 금가루를 입히는 과정이야. 금가루와 수은을 섞은 액체를 바른 뒤 가열하면 수은은 날아가고 금만 남아.

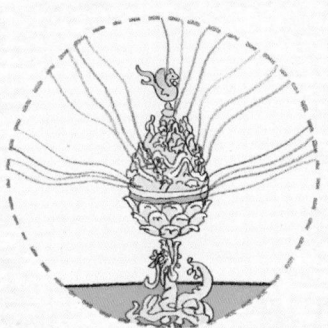

6. 향 피우기
완성된 향로에 불을 피워서 사용했어.

동아시아 도성의 가장 훌륭한 사례, 나성

나성은 부여 시가지 동쪽에 있는 긴 성벽으로, 도읍을 방어하는 역할을 했어. 능산리고분군 서쪽 산 중턱으로 성벽이 길게 이어져 있어. 백제 사람들은 한성이 함락된 아픈 기억 때문에, 적의 침입을 막아줄 성벽부터 쌓은 뒤 공주에서 부여로 도읍을 옮겼어. 주로 야산의 능선 바로 아래쪽을 따라 성벽을 쌓았기 때문에 바깥쪽은 급한 경사를 이루고, 안쪽은 완만해서 적을 방어하기에 좋아. 또한 성벽 위에는 말을 달릴 수 있는 길과 초소터가 곳곳에 있고, 가장 높은 필서봉에는 봉수터와 건물터가 있어. 적이 침입하면 바로 봉화를 피워 알릴 수 있게 항상 군사들이 지켰어.

나성은 전체 길이가 6킬로미터나 되는데 아주 잘 보존되었기 때문에 그 가치가 매우 높은 도성이야. 특히 동아시아에서 고대 도읍을 방어하는 성벽이 남아 있는 경우는 드물어서 더욱 중요하게 여기고 있어.

> **조선식 산성**
>
> 일본 규슈에 가면 백제 멸망 후 신라와 당의 침입에 대비해서 쌓은 오노조(대야성)와 미즈키(수성)가 있어. 모두 백제의 기술로 쌓았기 때문에 지금 일본에서는 조선식 산성이라고 불러.
>
>
>
> 일본의 오노조

나성
사비 도성을 지키던 든든한 방어성이야.

백제의 축성 기술

백제의 대표적인 축성 기술은 판축법이야. 판축법은 성질이 다른 흙을 한 켜씩 다지면서 시루떡처럼 쌓는 공법이야. 이렇게 하면 성을 더 단단하게 쌓을 수 있어. 제일 밑바닥은 부엽공법을 써. 연약한 지반에 성을 쌓을 때 가장 아래쪽에 나뭇가지나 짚을 깔고, 그 위에 모래 섞인 흙과 진흙을 교대로 쌓고 다졌어. 이런 과정을 반복해서 지반을 단단하게 만드는 공법이야. 이런 기술은 중국 고대부터 전해져 백제의 토목건축 기술 발전에 영향을 주었고, 일본 규슈에도 백제의 건축 기술이 전해졌어. 바깥쪽으로는 돌을 쌓아서 다져 올린 흙이 흘러내리지 않도록 했어. 이렇게 튼튼하게 성을 쌓았기 때문에 1500여 년 지난 지금까지도 남아 있는 거겠지?

국립부여박물관과 동남리 전 천왕사지

국립부여박물관

국립부여박물관에는 충청 지역에서 출토된 각종 유물들이 시대별로 전시되어 있어. 백제 이전의 청동기 시대 유물도 많아. 2000년 전, 이곳은 땅이 비옥하고 물이 풍부해서 부족장들의 통치력도 강했어. 권위를 상징하는 청동 무기들이 많이 출토되었어.

백제 시대 유물 전시실에는 백제금동대향로와 돌로 만든 사리감이 있어. 그리고 귀족들의 생활을 보여 주는 사택지적비가 있어. 감상해 보렴.

국립부여박물관 전시 유물

부여를 중심으로 선사 문화부터 사비 시기의 유물을 관람할 수 있어.

대쪽모양동기
청동기 시대 유물로 대나무의 마디를 세로로 쪼개 놓은 모양이야. 윗부분에 사람 손 모양이 새겨져 있는데 제사장의 물건으로 짐작돼.

일근명거푸집
1근 무게의 금속물을 만드는 데 사용했어. 백제의 무게 단위를 알려주는 귀중한 자료야.

호자
남자들이 사용하는 이동용 변기로, 호랑이 모습을 해학적으로 표현했어.

백제 불교문화와 건축 기술을 알려면 불상과 탑, 그리고 동아시아 교류 유물을 살펴보면 돼.

중앙 홀에 있는 큰 돌로 만든 물통은 부여 석조라고 해. 궁궐터였던 조선 시대 동헌 앞에서 옮겨왔어. 여기에도 당나라 소정방이 백제를 점령한 내용이 남아 있어. 이 일은 잊지 말아야 할 아픈 역사야.

동남리 전 천왕사지

박물관 주차장에서 뒤편으로 돌아가면 부여 주변 지역에서 옮겨온 작은 돌방무덤을 복원해 놓은 곳이 있어. 이곳을 지나 소나무 숲에 가면 동남리 전 천왕사지라는 표지가 보여. 둥근 주춧돌이 남아 있고, 이중으로 단이 있는 건물터가 있어. 기와로 기단을 만들었는데 아랫단 길이가 18미터에 이르기 때문에 대형 건물이 있었다고 보고 있어. 천왕이라는 글씨가 쓰인 백제 기와와 불상이 출토되어 천왕사지로 추정하고 있단다.

석조여래입상
전 천왕사지에서 발견된 불상이야. 국립부여박물관 야외에 전시되어 있어. 머리가 몸체에 비해 크고 몸체는 거의 일직선 모양이야.

청동소탑
부여 전 천왕사지 부근에서 발견된 청동 소탑의 일부분이야.

산수봉황무늬벽돌
산 위에 봉황이 있고 그 주위로 산과 구름 무늬가 있어.

벼루
대부분 흙으로 만든 토제 벼루가 가장 많아.

궁남지와 군수리사지

부여 시가지 정림사지에서 남쪽으로 가면 넓은 공원이 있어. 7월이면 서동연꽃축제가 열리는 곳으로 궁남지라고 해. 궁궐 남쪽에 있는 연못이라는 뜻이지. 《삼국사기》에는 무왕이 궁궐 남쪽에 연못을 파고 사방에 버드나무를 심고, 못 가운데에는 섬을 만들어 신선이 머무는 산을 만들었다고 전해져.

이 기록에 따라 1960년대에 자연 습지였던 이곳을 발굴하지 않고 연못을 만들어서 궁남지로 지정했어. 그러나 1990년대 이후 이곳과 주변을 발굴했지만 연못과 관련된 흔적은 남아 있지 않았어. 대신 백제 시대 우물이나 나무로 만든 저수 시설, 배수로 등만 확인되었어. 과연 진짜 궁남지는 어디인지 모두 궁금해 하고 있어.

궁남지
무왕의 전설이 깃들어 있는 인공 연못이야.

목조저수조
물을 저장해서 바로 사용할 수 있는 대형 물통이야. 우물에서 길어서 사용하는 것보다 편리해.

궁남지 서쪽 옆으로 가 보면 사비 시기 초기에 만들어진 사찰이 있어. 1935년 일본인이 발굴했는데 이름이 전해지지 않고 군수리사지라고 불러. 군수리에 있는 절터라는 뜻이야. 중문과 목탑, 금당과 강당이 일직선으로 배치되는 전형적인 백제식 사찰이야. 금당의 기단은 기와를 쌓아 올려서 만든 것으로 정림사지의 기단과 같은 모습이야. 목탑터 중앙에서는 돌로 만든 불상과 금동으로 만든 보살상이 출토되었어. 그리고 일본의 국보인 칠지도와 닮은 칠지도 1점이 출토되었다고 하는데 지금은 행방을 몰라. 일본인이 어디로 가져갔는지 찾을 수가 없어.

칠지도
일곱 개의 날이 있는 칼로 백제 왕이 왜에게 하사했어. 이 칠지도는 현재 일본에 보관되어 있어.

궁남지와 군수리사지 출토 유물

석조여래좌상
활석으로 제작되었으며 석재의 부드러운 질감과 사실적인 표현 기법으로 백제 조각의 특징이 잘 나타나 있어.

금동보살입상
머리에는 보관을 썼고 넓은 얼굴의 풍만한 미소는 백제 불상에서 즐겨 표현되는 얼굴 모습이야.

궁남지 출토 짚신
백제 시대 짚신이야. 특이하게 부들로 만들었어.

상자형 전돌
점토를 틀에 찍은 다음 말리거나 구운 벽돌을 전돌이라고 해. 상자형은 내부가 비어 있고 표면에 장식이 있어.

유리구슬
유리로 만든 구슬 꾸러미로 구슬은 불교에서 부처의 말을 뜻해.

죽은 아들을 위해 지은 절, 왕흥사

부소산성 낙화암에서 강 건너를 바라보면 낮은 산으로 둘러싸인 절 터가 있어. 이곳이 왕흥사지야. 왕이 매번 배를 타고 건넜다는 기록이 있어서 발굴해 보니 엄청난 유물들이 쏟아져 나왔어. 목탑 중심 기둥을 받치는 **심초석**을 들어내자, 한쪽에 홈을 파고 그 안에 사리를 모신 용기가 출토되었어. 사리기는 원통 모양의 청동 용기 안에 작은 은제 항아리를 넣었는데 그 안에 다시 금으로 만든 작은 호리병이 들어 있었어. 그런데 청동 용기 표면에 '정유년 2월 15일 백제 창왕(위덕왕)이 죽은 왕자를 위해 절을 세우는데, 사리 2매를 묻으려 하자 신의 조화로 3개가 되었다.'는 내용이 쓰여 있었어. 창왕이 아들이 죽

심초석
건축물을 지탱하는 중앙 기둥의 주춧돌이야.

왕흥사 추정도

아들을 사랑하는 아버지의 마음이 느껴져.

그런데 매번 배를 타고 건너려면 힘들지 않을까?

자 애통해 하며 왕흥사를 세우기 시작한 거야. 창왕은 두 명의 왕자가 있었으나 한 명은 죽고, 다른 아들인 아좌 태자는 일본으로 건너갔기에 동생이 왕위에 올랐어. 그러나 동생 혜왕도 1년 만에 병으로 죽고 그 아들인 법왕이 왕위를 이었어. 법왕은 왕흥사를 완공하고 30명의 스님들을 머물도록 했어. 비록 백제는 멸망했지만 왕흥사는 고려 시대까지 유지되었단다. 이곳에서 발굴된 고려 시대 유물들이 이 사실을 뒷받침해 주지.

왕흥사는 특이하게 강 쪽으로 진입 시설이 있어 배를 댈 수 있었어. 그리고 강물이 들어오지 못하도록 축대를 쌓은 흔적도 남아 있어. 또 스님들이 사용하는 승방에서는 치미가 출토되었는데 지금까지 출토된 백제 시대의 치미 중에 가장 오래된 것이야.

왕흥사 치미
새의 꼬리처럼 날카로운 끝부분과 연꽃 문양 장식이 아름다워.

왕흥사지 출토 유물

운모장식
얇고 투명한 돌로 만든 연꽃 장식이야. 백제인의 섬세함과 미의식을 알 수 있어.

석제사리장치뚜껑
뚜껑의 윗면에서 붉은 칠로 그린 문양의 흔적을 확인할 수 있어.

사리기
청동 안에 은제 항아리. 은제 항아리 안에 금제 호리병이 들어 있었어.

백제 건축을 만날 수 있는 백제문화단지

부여 시가지에서 금강을 건너 북쪽으로 가면 한국전통문화대학교 옆에 백제문화단지가 있어. 웅장하고 뛰어난 백제의 건축 기술을 알 수 있도록 사비궁, 능사 등 여러 건축물을 재현해 놓은 곳이야.

사비궁에는 왕이 정사를 돌보고 생활하는 모습이 재현되어 있어. 능사는 능산리사지를 실물 크기로 복원한 곳이야. 5층탑의 높이가 무려 38미터에 이른다고 해. 그리고 백제 사람들이 거주했던 문화를 보여 주는 생활문화마을과 백제 초기 도성인 위례성도 볼 수 있어. 백제 고분은 실물을 옮겨 와 야외에 전시되어 있어.

백제역사문화관에서는 첨단 영상기법으로 색다른 백제를 경험할 수 있으니 잊지 말고 둘러 봐.

백제문화단지 전경
삼국 시대 왕궁의 모습을 최초로 재현한 사비궁을 비롯해 1400년 전 백제의 숨결을 느낄 수 있어.

그림처럼 아름다운 절, 무량사

호젓한 옛 절을 거닐고 싶다면 무량사에 꼭 가 보렴. 부여에서 30분 정도 차를 타고 보령 쪽으로 가다 보면 만수산 자락에 무량사가 있어. 중문을 통해 바라보면 석등과 석탑, 극락전이 나란히 서 있고, 오른쪽의 기울어진 소나무는 극락전과

무량사 전경

탑을 감싸 안은 듯한 모습으로 마치 한 폭의 동양화를 보는 것 같아.

통일신라 시대 범일 스님이 무량사를 세웠는데 5층 석탑과 석등은 고려 시대 초기의 작품이야. 조선 시대 생육신 중 한 사람인 김시습은 세조가 조카인 단종의 왕위를 빼앗자, 더 이상 세상에 뜻이 없다며 스님이 되어 유랑하다 생을 마감한 곳이야. 김시습은 자신이 죽으면 3년간 화장을 하지 말 것을 당부했는데 3년 뒤 관을 열어 보니 살아 있을 때와 다름없었어. 사람들은 김시습이 부처가 되었다고 믿고 화장을 했더니 사리가 나왔다고 해. 극락전에 가면 그 사리를 볼 수 있어. 무량사는 임진왜란 때 모두 불탔으나 인조 때 진묵 스님이 다시 세웠어.

부처님을 모신 극락전은 2층 구조인데 그 안을 들여다보면 층 구분이 없이 천장만 높게 지었어. 조선 시대 건축 양식을 알 수 있는 매우 중요한 건물이야. 1층은 높고 2층은 낮아 안정감이 느껴져. 내부에 모신 아미타삼존불상, 높이가 12미터나 되는 괘불, 동종, 당간지주, 김시습의 부도 등 좋은 유물이 많아.

조용한 산속에서 아름다운 절의 풍경을 오롯이 느낄 수 있는 곳이야.

괘불
야외에서 큰 법회를 열 때 법당 앞에 거는 대형의 불교 그림이야.

부도
스님이 돌아가신 후 화장했을 때 나오는 사리를 보관하는 곳이야.

무량사미륵괘불탱
미래불인 미륵불을 중심으로 좌우에 각 여덟 구씩의 화불을 그린 괘불이야.

무왕의 꿈 익산

익산은 비옥한 평야와 만경강을 끼고 있어 선사 시대부터 많은 유적이 남아 있는 곳이야. 고조선의 준왕이 내려와 정착한 곳이라고 해. 왕궁리유적은 백제왕이 머물던 왕궁터야. 무왕이 만든 미륵사지를 둘러보고, 무왕과 관련된 제석사지, 쌍릉 등 돌아볼 유적도 많아. 미륵산성에 오르면 익산을 한눈에 볼 수 있어. 차근차근 보도록 하자.

왕궁리유적

미륵사지

미륵산성

왕궁, 왕의 사찰, 왕릉, 익산

자, 이번에 가는 익산은 유적이 서로 거리가 떨어져 있어. 왕궁터인 왕궁리유적과 제석사지가 있고, 미륵사지와 그 위에는 미륵산성이 있어. 무왕의 무덤으로 추정되는 쌍릉은 서쪽으로 떨어져 있어.

백제의 제30대 왕 무왕은 익산에서 태어나 어릴 때 마를 캐어 생계를 꾸려나갔기 때문에 서동이라고 불렸어. 신라 진평왕의 셋째 딸인 선화 공주의 미모가 뛰어나다는 소문을 듣고, 스님으로 변장하고 경주로 가서 〈서동요〉를 만들어 선화 공주를 꾀어내는 데 성공하고 왕위에도 올랐지.

익산은 무왕의 고향이자 도읍을 옮기려고 했던 곳이라 많은 이야기가 전해지는 곳이지. 자, 이제 익산으로 가 볼까?

이 순서로 보세요

왕궁리유적 ➡ 제석사지 ➡ 쌍릉 ➡ 익산토성 ➡ 미륵사지 ➡ 미륵산성

백제 궁궐의 진수, 왕궁리유적

7세기 무렵 백제는 고구려, 신라와 계속해서 영토 다툼을 벌였어. 무왕은 익산으로 도읍을 옮기고자 새로운 왕궁을 용화산 끝자락에 만들기 시작했어. 남북 490미터, 동서 240미터에 이르는 궁궐 담장을 만들고 그 내부에는 정사를 돌보는 정전과 부속 건물, 정원, 후원을 만들었어. 그리고 관리나 궁인들이 사용하던 대형 화장실과, 왕실에서 사용하는 귀금속을 만들던 공방도 만들었어.

중앙 문에서 바라보면 대형 건물인 정전터가 있고, 그 뒤로 5층 석탑이 웅장한 모습으로 서 있어. 백제가 멸망한 후 이곳에 절이 세워지면서 고려 시대까지 운영되었기 때문이야. 대관사라는 기록이 있으나, 대관궁사, 왕궁사라고 적힌 기와가 출토되기도 했어.

물이 흐르는 작은 정원은 신기한 모양의 돌을 쌓아 아름답게 만들었고 중국에서 예쁜 돌을 수입해 장식했어. 이러한 방법이 일본에 전해졌다는 기록이 있는데 이 정원이 발굴되면서 증명되었지.

그리고 후원에는 구불구불한 물길을 만들고 특이한 바위를 놓아 왕이 즐길 수 있도록 했어. 중앙에는 큰 정자 같은 건물이 있어 정원을 감상할 수 있도록 했지.

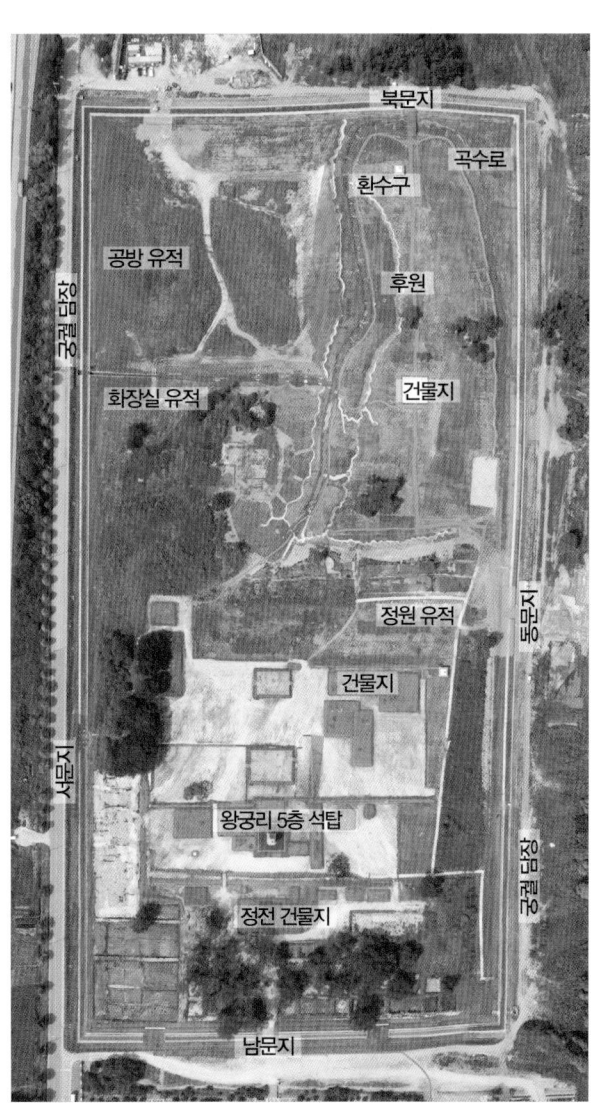

북문지
곡수로
환수구
공방 유적
후원
음열 담궁왕
건물지
화장실 유적
정원 유적
음열 담궁왕
건물지
왕궁리 5층 석탑
서문지
정전 건물지
남문지

왕궁리 유적 조감도
백제 왕궁의 구조와 공간을 나눈 원리를 확인할 수 있어.

화장실은 길이 10.8미터, 깊이 3.4미터의 구덩이를 파서 나무를 걸쳐 사용했는데, 지금의 정화조와 같이 오수가 차면 자동으로 흘러 빠지도록 했어. 이곳에서 화장지처럼 사용하던 긴 나무 막대가 많이 출토되었어. 공방터에서는 유리나 금과 은을 녹일 때 사용하던 도가니가 금제품과 함께 다량으로 나왔어. 고대 동아시아 왕궁 구조의 모범을 보여 주고 있어서 세계유산으로 지정되었어.

> 화장실인지 어떻게 아냐고? 흙을 분석했더니 회충알이 있어서 그걸 보고 알게 된 거야.

화장실터와 5층 석탑 출토 유물

백제 후기 왕궁의 구조를 잘 보여 주는 왕궁리 유적에서는 대형 화장실터, 정원, 공방 관련 유물이 많이 나왔어. 뿐만 아니라 왕궁리 5층 석탑을 해체 수리하는 과정에서 발견된 고려 시대 사리장엄구를 보면 왕궁에서 사찰로 변모한 모습을 살펴볼 수 있어.

대형 화장실터
왕궁 내에 거주하던 관리나 궁인들이 사용한 것으로 보여. 현대 정화조의 원리와 유사한 과학적인 구조야.

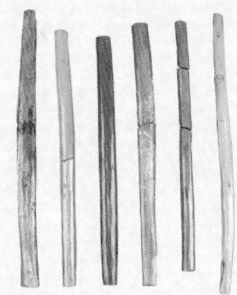
뒤처리용 막대
용변을 보고 처리하는 데 사용한 것으로 보여.

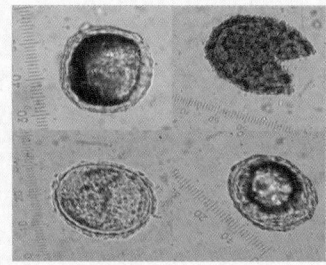
회충알
회충알의 종류를 살펴보면 백제인들이 주로 채식을 하고 민물고기를 먹었음을 알 수 있어.

유리제 사리병
녹색의 유리로 만든 사리병은 곡선미가 기품 있고 아름다워. 연꽃 봉오리 모양의 금제 마개가 있어.

금제방형사리합
네모 지붕형의 뚜껑을 가진 사각형의 합자야. 지붕 위에는 반쯤 열린 연꽃 봉오리를 장식했어.

금동제 외함
외함 안에 금제방형사리합이, 그 안에 유리제 사리병이 들어 있었어. 외함은 도금이 많이 벗겨졌어.

고구려 안악 3호분 벽화 중 부엌
불을 때며 솥에 음식을 장만하는 모습이 보여.

왕궁의 부엌, 수라간

정전터 서쪽으로 신하들이 머물던 긴 건물터가 발굴되었어. 그런데 한 건물터에서는 솥을 받치던 돌과 불탄 흙, 숯이 다량으로 발견되었어. 그리고 그 옆에는 토기 항아리 3점과 목이 짧은 병 2점 및 철제 솥 3점이 놓여 있었어. 바닥에서는 장작을 팰 때 쓰는 철도끼와 삽과 함께 숫돌 3점도 나왔어.

이곳은 정전에서 행사할 때 음식을 데우고 조리하던 곳이라고 보고 있어. 설거지 물이 빠지도록 건물 밖으로 배수로가 연결되어 있는 점도 흥미로워.

부엌터 출토 유물

부엌터 발굴 모습

토기 및 숫돌
비교적 온전한 형태의 토기들이야. 숫돌은 칼 등을 갈아서 날을 세우는 데 쓰는 돌이야.

철제솥
둥근 돌기가 달린 바닥에 넓은 턱이 있고 아가리는 안쪽으로 살짝 휘어져 있어.

철제 가래날 및 철도끼
철도끼는 장작을 패는 데 사용했을 것으로 추정해.

왕궁리유적전시관

이곳은 왕궁리유적에서 발굴된 유물을 전시해 놓은 곳이야.

백제 건물의 성격과 구조를 알 수 있는 유물이 많아. 전시실 입구에는 백제 왕궁터였음을 알려주는 '수부(首府)명 기와'가 가장 먼저 반겨줘. 또 금제품과 유리 제품, 도가니 등이 전시되어 있는데, 도가니는 금, 유리, 동 등을 녹여 원료와 제품을 생산하는 용기를 말해. 왕궁리유적에서 발견된 도가니의 안쪽 표면에는 고온의 열 때문에 만들어진 유리막이나 금 알갱이가 남아 있어 이곳에 공방이 있었다는 사실을 뒷받침해 줘.

정원과 화장실 축소 모형, 왕궁에서 사찰로 변화한 과정 등도 알기 쉽게 설명해 주고 있으니 왕궁리유적을 둘러보기 전에 먼저 관람하는 것도 좋겠지?

왕궁리유적전시관

● **왕궁리유적전시관**
주소 : 전북 익산시 왕궁면 궁성로 666
관람시간 : 09:00~18:00
휴관 : 1월 1일, 매주 월요일

여기서 **잠깐!**

왕궁리유적 전시관을 잘 둘러보았는지 문제를 풀어볼까?

1. 이 사진의 유물은 무엇일까? 백제의 왕궁리가 왕들의 궁궐이었다는 것을 말해 주는 '수부(首府)'라는 도장이 찍힌 기와야.

_____

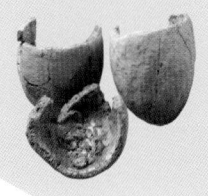

2. 이 유물의 이름은 도가니야. 무슨 용도로 쓰였을까?

_____

_____

 정답은 56쪽에

왕실의 번영을 기원했던 제석사지

제석사 목탑 기단 단면 사진
단단하게 판축된 높이가 3.2미터

🏵 **관세음응험기**
중국 남조 시대 관세음신앙과 관련된 책으로, 12세기 일본에서 베껴 쓴 책 말미에 백제 관련 내용이 있었어.

🏵 **천부상**
여래, 보살, 명왕에 이어 최하위에 놓인 존상이야.

왕궁리유적에서 동쪽으로 1킬로미터 정도 가면 마을 가운데 멋진 소나무가 우거진 곳이 있어. 일본 기록인 〈관세음응험기〉에는 무왕 때 도읍을 이전하고 제석 정사를 지었는데, 639년 벼락이 쳐서 절이 모두 불탔다는 내용이 전해지고 있어. 그런데 탑 아래 부처님의 사리가 모두 남아 있어 새로 사찰을 세웠다고 해. 발굴해 보니 중문과 탑, 금당 및 강당이 일렬로 서는 전형적인 백제 사찰이며, 금당 서편에서 불타기 전 건물터도 발굴되었어. 불탄 건물들의 잔해는 북쪽으로 500미터 떨어진 곳에 모두 가져다 버렸는데, 실제로 발굴해 보니 불탄 기와와 불상편, 천부상, 이상하게 생긴 악귀 얼굴의 소조상 등이 많이 나왔어. 흙으로 만든 소조상은 중국이나 부여 정림사지, 일본에서도 많이 출토되어 당시 국제적인 문화 교류를 밝히는 자료가 되고 있어.

제석사지 출토 유물

기와
연화문 수막새와 우아한 인동당초문 암막새야.

악귀상
개구리를 닮은 악귀상이야.

소조상
찰흙, 석고 따위를 빚거나 덧붙여서 만들었어.

쌍릉은 누구의 무덤일까?

백제의 대형 무덤인 쌍릉은 단 2기만 남아 있어. 북쪽에는 대왕릉이, 남쪽에는 약간 작은 소왕릉이 있어. 고려 시대 충숙왕 때 왜구가 도굴했다고 전해지며, 굴식돌방무덤의 구조로, 네 벽과 바닥, 천장은 모두 편평한 돌로 만들었고 나무 널에 유골이 남아 있었어. 금동제 널꾸미개와 못이 있는 것으로 보아 왕릉으로 추정하고 있어.

지금까지 대왕릉은 무왕, 소왕릉은 선화 공주의 무덤으로 알려졌는데, 최근 100년 만에 재발굴된 대왕릉의 인골을 분석해 보니, 620년에서 659년에 죽은 60~70세의 남성이며 키는 161~170센티미터로 밝혀졌어. 641년에 세상을 떠난 무왕일 가능성이 매우 높다고 해.

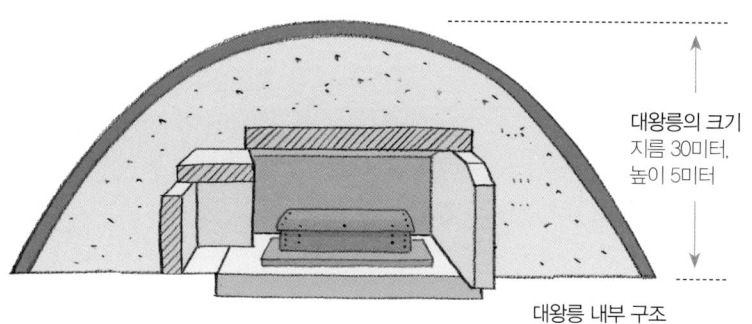

대왕릉의 크기
지름 30미터,
높이 5미터

대왕릉 내부 구조

당시 170센티미터의 키는 큰 편으로, 무왕은 풍채가 훌륭하며, 기상이 걸출했다는 기록과 맞을까?

대왕릉 출토 유물

금동제 널꾸미개
널(관)을 꾸미는 데 쓰는 물건이야.

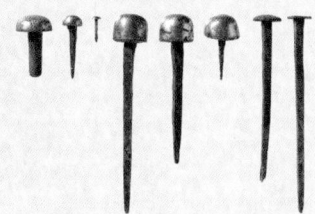

널못
널을 짜는 데 쓰는 못이야.

옥제장신구
옥으로 만든 장신구야.

무왕의 대역사 미륵사지

　　동아시아 최대 규모의 사찰이었던 미륵사는 미륵산 아래 동서로 병풍처럼 둘러친 산 사이에 있었어. 무왕이 왕위에 오른 후 신라와 14번이나 전쟁을 하자 백성들은 지쳐 갔지. 그래서 세상의 중생을 모두 구원하는 미래의 미륵 부처를 모셔 백성을 위로하려고 했어. 미륵 부처를 모신 전륜성왕은 풍요롭고 평화로운 통일 제국을 이루는데, 무왕은 자신이 전륜성왕이 되기를 바랐어. 마침 무왕과 왕비는 미륵산 중턱 사자사에 있는 지명 법사를 만나러 가던 중 용화산 아래 연못에서 미륵삼존이 나타나자, 이를 모두 메우고 세 곳에 사찰을 지었다고 해. 이 절이 바로 미륵사야.

　　미륵사는 중앙에는 목탑과 금당, 양쪽으로는 석탑과 금당이 있던 **삼원** 구조가 확인되었어. 백제의 건축 기술은 미륵사 석탑에서 그 절정을 볼 수 있어. 나무로 된 목탑과 똑같이 돌로 기둥을 세우고 지붕을 올린 구조로 우리나라에서 가장 오래된 석탑이야. 이 절은 통일신라 시대 때는 앞쪽에 당간지주를 세웠고 다시 그 앞에 연못을 만들었어. 하지만 임진왜란 전후로 절은 **폐사**가 되었어.

🌸 삼원
세 개의 사원을 나란히 세운 구조야.

🌸 폐사
절을 폐해서 승려가 없는 절을 말해.

미륵사지 출토 유물

미륵사지에서는 백제 시대뿐 아니라 여러 시대 걸쳐 다양한 유물이 출토되었어.

얼굴무늬수막새
악귀의 침입을 방지하는 벽사의 의미로 사용되었어.

금동향로
향로 다리를 사자 다리 모양을 본 떠 만들었어. 몸체와 다리가 연결되는 곳에는 사자 머리 모양 장식이 붙어 있어.

풍탁
절의 목조 건물이나 석탑 처마에 매달아 소리가 나도록 했어.

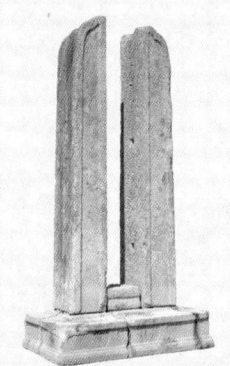

당간지주
미륵사지 석탑 남쪽에는 모양과 크기가 비슷한 두 개의 당간지주가 나란히 있어.

목탑에서 석탑으로 변화하다

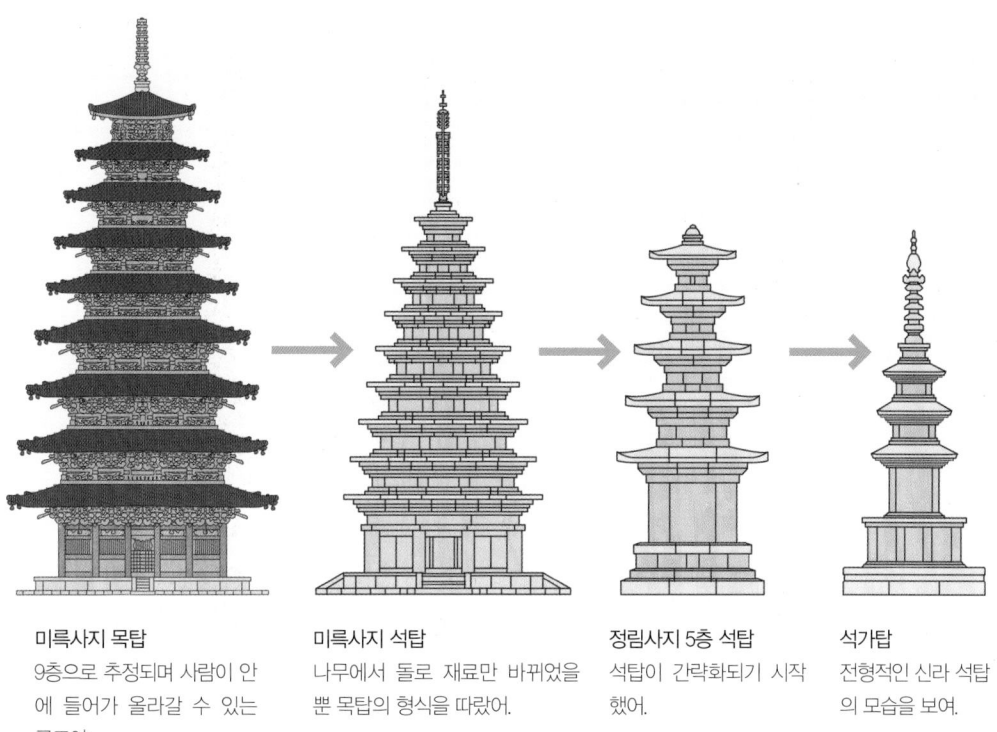

미륵사지 목탑
9층으로 추정되며 사람이 안에 들어가 올라갈 수 있는 구조야.

미륵사지 석탑
나무에서 돌로 재료만 바뀌었을 뿐 목탑의 형식을 따랐어.

정림사지 5층 석탑
석탑이 간략화되기 시작했어.

석가탑
전형적인 신라 석탑의 모습을 보여.

탑은 부처님의 사리를 모신 곳이야. 원래 인도에서 시작되어 중국 건축 양식인 목탑이 우리나라에 전해졌어, 백제는 6세기에서 7세기까지는 거의 목탑을 만들었어.

백제는 639년 미륵사에 처음으로 석탑을 만들었는데, 기둥이나 지붕 등이 목탑 양식을 그대로 유지하고 있었어. 그런데 640~650년대에 만든 정림사지 석탑은 모양이 단순해졌어. 신라도 634년 분황사에 돌을 벽돌같이 깎아서 목탑같이 세웠어. 645년에 만든 황룡사 탑도 9층 목탑이야. 이후 676년 신라가 삼국을 통일하면서 감은사 석탑을 만들었는데 웅장한 모습은 간직하고 있어. 8세기에 만들어진 불국사 석가탑은 단순해졌지만 다보탑은 목탑의 흔적을 간직하고 있어. 9세기에 접어들면서 모양이 단순해진 석탑이 전성 시대를 맞이하여 전국적으로 만들어지게 되었어.

미륵사지 석탑

미륵사지 사리장엄구 발견 당시 모습

미륵사지에는 두 개의 석탑이 있어. 동탑과 서탑이 야. 서탑은 조선 시대 말에 6층 일부와 그 아래로만 남아 있었어. 1915년 일본인이 더 이상 무너지지 않도 록 시멘트로 완전히 채워 넣었지. 하지만 그 모습이 몹시 흉했고 안전 문제 때문에 2001년부터 정밀 해체 작업에 들어갔어.

1층을 해체하는 도중 탑신 사리공에서 금제사리호 등 중요 유물들이 쏟아졌어. 그중 금제사리봉영기에는 639 년 백제 왕후 사택적덕의 딸이 재물을 내놓아 탑을 세 운다는 내용이 쓰여 있었지.

무왕의 왕비는 신라 진평왕의 딸 선화 공주로 알고 있었기 에 깜짝 놀랄 사건이었어. 과연 무왕은 왕비를 여러 명 두 었는지, 아니면 선화 공주가 죽고 난 뒤 새로이 왕비를 맞이했는지 해결해야 할 숙제가 생긴 거야.

석탑 1층에는 가운데 문을 만들어 사방으로 통하게 했어. 네 면의 모서리 기둥은 밑에서 위로 갈수록 좁게 만들고 기둥 사이에는 긴 돌을 걸쳐 올렸 어. 백제 장인들은 돌을 나무같이 깎아 다듬 을 수 있을 정도로 기술이 우수했던 거 야. 이때 이후부터 우리나라에 석탑이 나타나게 되었어. 미륵사지 석탑은 우 리나라에 현존하는 가장 오래된 석탑 이자 최대 규모의 석탑이라는 점에 서 역사적인 가치와 의미가 있어.

> 동탑은 1992년에 새로이 재현된 것이야. 서탑은 2018년에 재복원을 완료했어.

복원을 마친 미륵사지 서탑

국립익산박물관

국립익산박물관은 익산백제실, 미륵사지실, 역사문화실로 구성되어 있어. 미륵사지실에는 발굴된 유물과 석탑 사리장엄구가 뿐만 아니라 사찰의 구조를 한눈에 알 수 있도록 모형도 전시했어.

사리를 보관한 금동제사리외호 안에는 작은 금제사리호가 있었는데 모두 유리구슬로 채워져 있었지만 사리는 없었어. 사리를 안치한 봉영기에는 백제 왕후가 사리를 안치했다는 것과 모든 중생이 불도를 이루도록 기원하는 내용을 담고 있어. 이 사리장엄구를 모두 전시하고 있으니 감상해 보렴. 특히 당시 유리판과 유리구슬은 무척 화려해서 아름다움을 뽐내고 있단다.

국립익산박물관

● **국립익산박물관**
주소 : 전북 익산시 금마면
미륵사지로 362
관람시간 : 10:00~18:00
휴관 : 1월 1일, 설날과 추석
당일, 매주 월요일

국립익산박물관 전시 유물

금동제사리외호
뚜껑과 몸체로 구분되고, 몸체는 다시 중간을 여닫을 수 있도록 만들었어. 연꽃잎무늬, 인동당초무늬, 연꽃당초무늬 등이 아름다워.

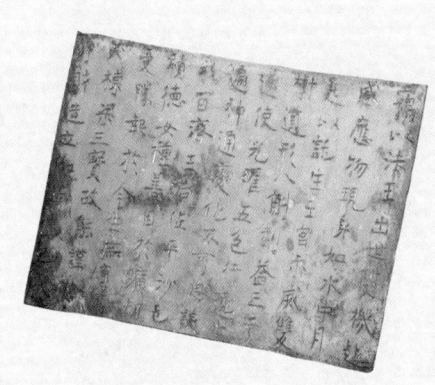

금제사리봉영기
무왕의 왕비인 사택적덕의 딸이 기해년(639년)에 사리를 모시고 절을 세워 무왕과 왕실의 안녕을 기원하는 내용을 담았어.

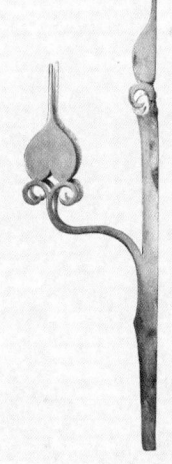

은제관꾸미개
사리장엄구에서 발견된 공양물로 꽃모양이 있는 관꾸미개야.

미륵산성

사자사지
미륵산 중턱에 자리하고 있어. 지금은 사자암이라고 불러.

치
성벽에서 기어오르는 적을 막고자 성벽을 돌출시켜 놓은 곳이야.

미륵사지 뒤 중앙에 병풍같이 둘러싼 곳에 미륵산성이 있어. 이곳을 올라가려면 반나절 정도 걸려. 무왕과 왕비가 올랐던 사자사는 중턱에 있어. 당시 건물터는 남아 있지 않고, 출토된 기와에 사자사라는 기록이 있어. 산 정상부를 돌아가는 산성은 동문과 남문, 옹성, 10개소의 치가 있어. 이곳에서 백제 유물이 출토되었고, 통일신라 시대 이후로 조선 시대까지 성벽을 계속 새로 쌓았어.

미륵사의 중요성을 생각하면 백제 시대에도 군사적으로 아주 중요한 곳이었을 가능성이 있어. 이곳은 익산 지역을 모두 감시할 수 있는 위치이기 때문이야. 익산의 모습을 한눈에 살펴보려면 이곳에 꼭 올라가 보렴.

미륵산성
익산의 모습을 한눈에 내려다볼 수 있어.

익산토성

익산토성은 오금산 정상에 만들어진 백제 토성이야. 이곳은 고구려 유민 안승이 보덕국을 세워 670년부터 14년간 머물렀다고 하나 확실한 근거는 없어. 다만 백제 시대 유물이 많이 출토되고 있고 쌍릉과 왕궁리유적 북쪽에 있어서 중요 지역에 위치한 성으로 여기고 있어. 높지 않고 통일신라 시대 때 만든 석축문이 정비되어 있어서 다녀가도 좋아.

익산토성
뒤에는 미륵산이 있고 앞쪽은 익산 평야가 내려다 보여.

익산에서 만날 수 있는 불상들

연동리 석조여래좌상은 미륵사지에서 강경읍 쪽으로 약 3킬로미터 정도 가면 석불사라는 절 안에 모셔진 백제 최대의 불상이야. 7세기 초에 만들어진 불상으로 옷자락이 어깨를 감싸고 사각대좌까지 자연스럽게 흘러내리고 있어 매우 세련된 모습이야. 광배는 연꽃으로, 주변에는 불꽃 무늬를 배경으로 작은 부처님이 새겨져 있어. 머리가 없어져 최근 만들어졌기 때문에 아쉬운 점이 있지만, 백제의 미를 느낄 수 있는 불상이야.

또 왕궁리유적과 가까운 곳에 고도리 석조여래입상이 있어. 고려 시대에 만든 불상인데 200미터 거리를 두고 서로 바라보고 서 있는 남녀상이야.

🌸 **안승**
고구려의 왕족. 고구려가 멸망한 후, 부흥운동을 일으킨 검모잠에 의해 왕으로 추대되었으나 신라로 망명. 신라의 귀족이 되었어.

🌸 **보덕국**
고구려 유민이 세운 나라야.

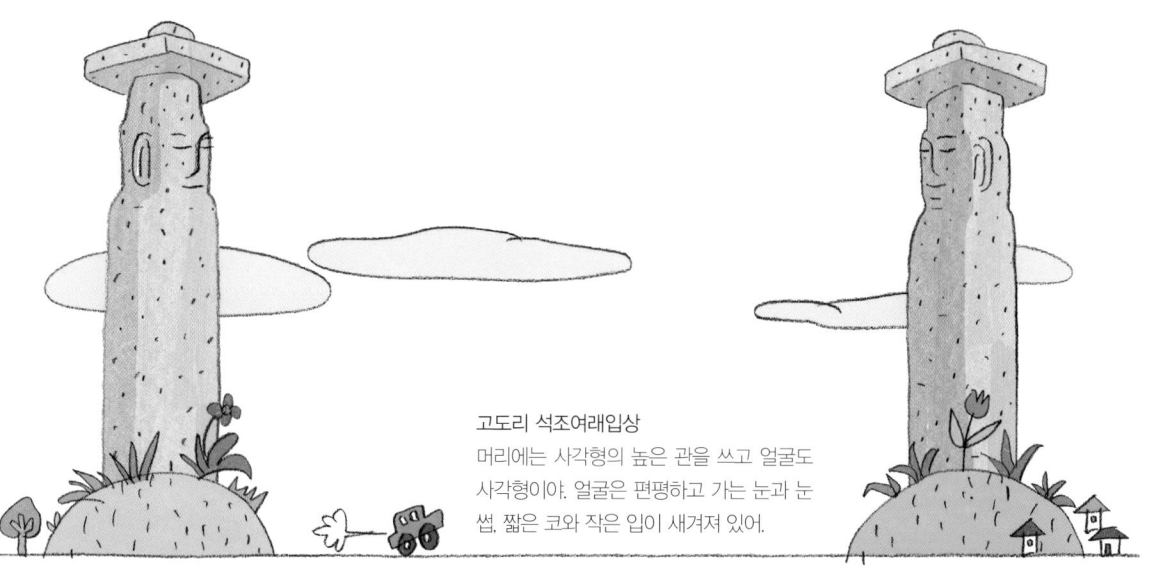

고도리 석조여래입상
머리에는 사각형의 높은 관을 쓰고 얼굴도 사각형이야. 얼굴은 편평하고 가는 눈과 눈썹, 짧은 코와 작은 입이 새겨져 있어.

'검소하지만 누추하지 않고, 화려하지만 사치스럽지 않은 나라, 백제' 답사를 마치고

백제역사유적지구는 모두 잘 돌아보았니? 세계유산으로 지정된 곳만 둘러보아도 며칠이 걸려. 너희가 보았던 왕궁터와 무덤들, 유물들은 일부에 불과해. 많은 유산이 전쟁으로 사라져 버렸어. 당나라가 쳐들어와 부여가 함락되었을 때 7일간이나 불이 났다고 했어. 수많은 건물이 불타고 보물은 모두 빼앗겼지. 다행히 땅속에 묻힌 백제금동대향로 같은 유물들은 무사했어. 지금도 고고학자들의 발굴은 계속되고 있단다.

《삼국사기》에는 온조왕의 궁궐이 "검소하지만 누추하지 않고, 화려하지만 사치스럽지 않다."라고 기록되어 있어. 백제를 대표하는 말이라 할 수 있지. 아직도 부여에서는 왕들이 살았던 궁궐을 찾아 내는 작업이 계속되고 있어. 땅속에 묻혀 있기 때문에 언젠가는 밝혀질 거야. 너희가 어른이 되었을 때, 아빠, 엄마가 되어 아이들과 함께 왔을 때 그 수수께끼가 밝혀진다면 더욱 재미있지 않을까? 아니, 너희가 고고학자가 되어 직접 발굴하고 있을지도 몰라.

옛말에 '온고지신'이라는 말이 있어. 옛것을 익히고 그것을 통해서 새것을 안다는 뜻이야. 우리 선조가 남긴 훌륭한 문화유산을 공부하면 우리의 삶이 더욱 풍부해지고 지식이 깊어져. 그리고 소중히 가꾸어 후손들에게도 잘 물려준다면 세계 속에서 우리나라가 더욱 빛을 발할 수 있을 거야.

인도의 유명한 철학자이자 시인인 타고르는 우리나라를 '동방의 밝은 빛'이라고 했어. 자, 너희도 밝은 빛이 되어 보렴.

나는 백제역사유적지구 박사! ----------

열심히 백제역사유적지구를 둘러본 친구들, 모두 수고했어요. 아름답고 세련된 백제 문화의 숨결을 간직하고 있는 공주, 부여, 익산까지 둘러본 소감은 어떤가요? 흥분되었던 마음이 가라앉기 전에 차근차근 정리해 볼까요?

❶ 아래 사진을 보고 유적지의 이름을 써 보세요.

(   ) (   ) (   )

❷ 도전 골든벨 ○ × 퀴즈

① 백제는 도읍을 한 번 옮겼다. (   )

② 문주왕은 도읍을 웅진(공주)으로 옮겼다. (   )

③ 무령왕릉은 부여에 있다. (   )

④ 백제 시대에도 빙고가 있었다. (   )

⑤ '대당평백제국비명'이 새겨진 탑은 정림사지 5층 석탑이다. (   )

⑥ 백제금동대향로는 능산리사지에서 발견되었다. (   )

⑦ 미륵사지 석탑은 동탑과 서탑이 있다. (   )

⑧ 익산에서 만날 수 있는 백제 무덤은 천마총이다. (   )

❸ 아래 유물 사진을 보고 이름과 맞게 연결해 보세요.

•   •   •

•   •   •

왕흥사 치미   진묘수   금동제사리외호

❹ 사진 속 물건의 이름과 쓰임에 대해 설명해 보세요.

_____

_____

_____

_____

백제역사유적지구 십자북 만들기

백제역사유적지구는 잘 둘러보았나요?

그렇다면 백제역사유적지구 십자북을 만들어 보아요.
책을 만들면서 답사 내용을 다시 한 번 떠올려 보세요.

얘들아,
입장권과 안내지를
꼭 챙겨. 십자북 뒷면은
퀴즈를 만들어 풀어 보면
더 재미있을 거야.

✚ 십자북은 이렇게 만들어요

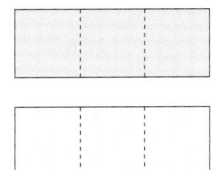

❶ 2장의 종이를 3등분해서 접어요.
크기는 다양하게 만들 수 있어요.

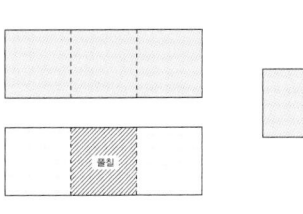

❷ 3등분한 종이를 십자 형태로 교차시켜 붙여요.

표지도
꾸며요.

송산리고분군

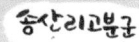

송산리고분군 웅진시기의 백제
왕릉군으로 7기의 고분이 있어요.
무령왕릉은 도굴되지 않은 온전한
상태로 발견되어 왕릉의 주인공과
축조시기(525)가 확인된 매우
드문 사례입니다.

공주박물관

공주박물관에는, 무령왕릉
에서 출토된 다양한
유물을 관람할 수 있어요.

어때 백제역사
유적지구를 한눈에
볼 수 있지?

고분리유적부소산성

백제 사비시기의
왕궁관련 유적이
에요.

〈부소산문〉

정림사지

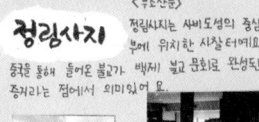

정림사지는 사비도성의 중심
부에 위치한 사찰 터예요.

중국을 통해 들어온 불교가 백제 불교 문화로 완성된
증거라는 점에서 의미있어요.

〈정림사지5층석탑〉
국보 제9호로 무탑의
구조적 특징을 보여주
는 석탑이에요.

〈송산리고분군〉
사비시기의 왕릉이
모여 있는곳

백제역사
유적지구

공주

부여

익산

왕궁리유적

왕궁리 유적은 백제
왕궁의구조를 파악할
수 있어요.

왕궁리 유적 전시관
에는, 대형회장실
터, 정원, 공방터
에서 발견된 유물
을 볼 수 있어요.

대형
회장실터

공방터유물

정원유적

시지도 찍어봐요.

안내책자의
지도와 그림을
사용해도 좋아.

미륵
사지

동탑

미륵사지는 동아시아
최대의 사찰터층
하니예요.

열마전 복원된 서탑

미륵사지전경

미륵사지 유물
전시관에는
미륵사지에서 출
토된 문화재를
전시해요.

미륵사지발굴모형

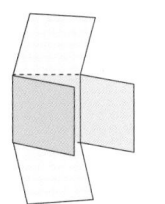

자, 이제
백제역사지구
십자북 완성!

---

❸ 각 면을 안으로 접어요.

표지

❹ 완성

여기서
잠깐!

41쪽
1. 수부명인장와
2. 금, 유리, 동 등을 녹여 원료와 제품을 생산하는 용기

나는 백제역사유적지구 박사!

❶ 아래 사진을 보고 유적지의 이름을 써 보세요.

(　공산성　) (　무령왕릉　)

(　미륵사지　)

❷ 도전 골든벨 ○ × 퀴즈

① 백제는 도읍을 한 번 옮겼다. (　×　)

② 문주왕은 도읍을 웅진(공주)으로 옮겼다. (　○　)

③ 무령왕릉은 부여에 있다. (　×　)

④ 백제 시대에도 빙고가 있었다. (　○　)

⑤ '대당평백제국비명'이 새겨진 탑은 정림사지 5층 석탑이다.
(　○　)

⑥ 백제금동대향로는 능산리사지에서 발견되었다. (　○　)

⑦ 미륵사지 석탑은 동탑과 서탑이 있다. (　○　)

⑧ 익산에서 만날 수 있는 백제 무덤은 천마총이다.
(　×　)

❸ 아래 유물 사진을 보고 이름과 맞게 연결해 보세요.

왕흥사 치미　　　진묘수　　　금동제사리외호

❹ 사진 속 물건의 이름과 쓰임에 대해 설명해 보세요.

호자

남자들이 사용하던 이동용 변기예요.

사진 및 그림

공주시청 8p(공산성, 무령왕릉 내부, 송산리고분군), p10(공산성 금서루, 무령왕릉 내부)

국립공주박물관 p14(무령왕릉 지석, 진묘수, 연꽃무늬 벽돌, 오수전), p15(왕비 베개, 왕비의 금귀걸이, 왕비의 금제관꾸미개, 왕의 금귀걸이, 왕의 금제관꾸미개, 왕의 금제뒤꽂이, 왕의 발받침)

국립문화재연구소 건축문화재연구실 46p(미륵사지사리장엄구 발굴 당시, 미륵사지 서탑)

국립익산박물관 p44(금동향로, 얼굴무늬수막새, 풍탁), p47(금동제사리외호, 금제사리봉영기, 은제관꾸미개)

국립부여문화재연구소 p16(부소산성), p18(관북리 목곽 저장시설), p19(사람 얼굴이 그려진 그릇), p30(목조 저수조), p31(상자형 전돌, 유리구슬, 짚신), p33(백제운모장식, 왕흥사사리기, 석제사리함뚜껑, 왕흥사 치미), 38(왕궁리유적 조감도), p39(대형 화장실, 뒤처리용 막대, 회충알), p40 부엌터, 철제 가래날 및 철도끼, 철제솥, 토기 및 숫돌), p41(도가니), p42(악귀상, 제석사지 출토 기와, 제석사지 단면), p51(왕궁리 출토 유물)

국립부여박물관 p19(금동광배, 서복사지 출토 치미), p22(능산리 동하총 백호도), p24(백제금동대향로), p25(백제금동대향로 발견 당시), p28(대쪽모양 동기, 일근명거푸집, 호자), p29(산수봉황무늬벽돌, 벼루, 석조여래입상, 청동소탑), p31(칠지도)

국립전주박물관 p42(제석사지 소조상), p43(금동제 널꾸미개, 널못, 옥제장신구)

국립중앙박물관 p21(대당평백제국비명 탁본), p31(군수리금동보살입상, 군수리석조여래좌상), p39(왕궁리5층석탑 사리장엄구)

문화재청 p35(무량사미륵불괘불탱), p40(고구려 안악 3호분, 《세계문화유산 고구려 고분벽화》 10쪽)

백제문화단지 p34(백제문화단지 전경)

부여군청 p6(정림사지), p20(정림사지 5층 석탑), p25(복원된 능산리사지), p26(나성), p30(궁남지)

위키피디아 p15(마곡사)

이은석 p27(일본 오노조)

익산시청 p36(미륵산성), p48(미륵산성, 사자사지), p49(익산토성)

정림사지박물관 p21(정림사 복원 모형)

기효숙 p16(능산리고분군), p35(무량사 전경, p36(미륵사지), p36(왕궁리유적), p41(수부명 인장와), p41(왕궁리유적전시관 전경), p44(미륵사지 당간지주)

최혜영 p28(국립부여박물관 전경)

shutterstock 표지(공산성)

초등학교 교과서와 관련된 학년별 현장 체험학습 추천 장소

1학년 1학기 (21곳)	1학년 2학기 (18곳)	2학년 1학기 (21곳)	2학년 2학기 (25곳)	3학년 1학기 (31곳)	3학년 2학기 (37곳)
철도박물관	농촌 체험	소방서와 경찰서	소방서와 경찰서	경희대자연사박물관	IT월드(과천정보나라)
소방서와 경찰서	광릉	서울대공원 동물원	서울대공원 동물원	광릉수목원	강원도
시민안전체험관	홍릉 산림과학관	농촌 체험	강릉단오제	국립민속박물관	경희대자연사박물관
천마산	소방서와 경찰서	천마산	천마산	국립서울과학관	광릉수목원
서울대공원 동물원	월드컵공원	남산골 한옥마을	월드컵공원	국립중앙박물관	국립경주박물관
농촌 체험	시민안전체험관	한국민속촌	남산골 한옥마을	기상청	국립고궁박물관
코엑스 아쿠아리움	서울대공원 동물원	국립서울과학관	한국민속촌	서대문자연사박물관	국립국악박물관
선유도공원	우포늪	서울숲	농촌 체험	선유도공원	국립부여박물관
양재천	철새	갯벌	서울숲	시장 체험	국립서울과학관
한강	코엑스 아쿠아리움	양재천	양재천	신문박물관	남산
에버랜드	짚풀생활사박물관	동굴	선유도공원	경상북도	남산골 한옥마을
서울숲	국악박물관	고성 공룡박물관	불국사와 석굴암	양재천	롯데월드 민속박물관
갯벌	천문대	코엑스 아쿠아리움	국립중앙박물관	경기도	국립민속박물관
고성 공룡박물관	자연생태박물관	옹기민속박물관	국립민속박물관	이화여대자연사박물관	삼성어린이박물관
서대문자연사박물관	세종문화회관	기상청	전쟁기념관	전쟁기념관	서대문자연사박물관
옹기민속박물관	예술의 전당	시장 체험	판소리	천마산	선유도공원
어린이 교통공원	어린이대공원	에버랜드	DMZ	한강	소방서와 경찰서
어린이 도서관	서울놀이마당	경복궁	시장 체험	화폐금융박물관	시민안전체험관
서울대공원		강릉단오제	광릉	호림박물관	경상북도
남산자연공원		몽촌역사관	홍릉 산림과학관	홍릉 산림과학관	월드컵공원
삼성어린이박물관		국립현대미술관	국립현충원	우포늪	육군사관학교
			국립4·19묘지	소나무 극장	해군사관학교
			지구촌민속박물관	예지원	공군사관학교
			우정박물관	자운서원	철도박물관
			한국통신박물관	서울타워	이화여대자연사박물관
				국립중앙과학관	제주도
				엑스포과학공원	천마산
				올림픽공원	천문대
				전라남도	태백석탄박물관
				경상남도	판소리박물관
				허준박물관	한국민속촌
					임진각
					오두산 통일전망대
					한국천문연구원
					종이미술박물관
					짚풀생활사박물관
					토탈야외미술관

4학년 1학기 (34곳)	4학년 2학기 (56곳)	5학년 1학기 (35곳)	5학년 2학기 (51곳)	6학년 1학기 (36곳)	6학년 2학기 (39곳)
강화도	IT월드(과천정보나라)	갯벌	IT월드(과천정보나라)	경기도박물관	IT월드(과천정보나라)
갯벌	강화도	광릉수목원	강원도	경복궁	KBS 방송국
경희대자연사박물관	경기도박물관	국립민속박물관	경기도박물관	덕수궁과 정동	경기도박물관
광릉수목원	경복궁 / 경상북도	국립중앙박물관	경복궁	경상북도	경복궁
국립서울과학관	경주역사유적지구	기상청	덕수궁과 정동	고성 공룡박물관	경희대자연사박물관
기상청	경희대자연사박물관	남산골 한옥마을	경상북도	국립민속박물관	광릉수목원
농촌 체험	고창, 화순, 강화 고인돌유적	농업박물관	경희대자연사박물관	국립서울과학관	국립민속박물관
서대문자연사박물관	전라북도	농촌 체험	고인쇄박물관	국립중앙박물관	국립중앙박물관
서대문형무소역사관	고성공룡박물관	서울국립과학관	충청도	농업박물관	국회의사당
서울역사박물관	충청도	서울대공원 동물원	광릉수목원	롯데월드 민속박물관	기상청
소방서와 경찰서	국립경주박물관	서울숲	국립공주박물관	몽촌토성과 풍납토성	남산
수원화성	국립민속박물관	서울시청	국립경주박물관	민주화현장	남산골 한옥마을
시장 체험	국립부여박물관	서울역사박물관	국립고궁박물관	백범기념관	대법원
경상북도	국립서울과학관	시민안전체험관	국립민속박물관	서대문자연사박물관	대학로
양재천	국립중앙박물관	경상북도	국립서울과학관	서대문형무소 역사관	민주화현장
옹기민속박물관	국립국악박물관 / 남산	양재천	국립중앙박물관	서울역사박물관	백범기념관
월드컵공원	남산골 한옥마을	강원도	남산골 한옥마을	조선의 왕릉	아인스월드
철도박물관	농업박물관 / 대법원	월드컵공원	농업박물관	성균관	서대문자연사박물관
이화여대자연사박물관	대학로	유명산	롯데월드 민속박물관	시민안전체험관	국립서울과학관
천마산	롯데월드 민속박물관	제주도	충청도	경상북도	서울숲
천문대	몽촌토성과 풍납토성	짚풀생활사박물관	서대문자연사박물관	암사동 선사주거지	신문박물관
철새	불국사와 석굴암	천마산	성균관	운현궁과 인사동	양재천
홍릉 산림과학관	서대문자연사박물관	한강	세종대왕기념관	전쟁기념관	월드컵공원
화폐금융박물관	서울대공원 동물원	한국민속촌	수원화성	천문대	육군사관학교
선유도공원	서울숲	호림박물관	시민안전체험관	철새	이화여대자연사박물관
독립공원	서울역사박물관	홍릉 산림과학관	시장 체험 / 신문박물관	청계천	중남미박물관
탑골공원	조선의 왕릉	하회마을	경기도	짚풀생활사박물관	짚풀생활사박물관
신문박물관	세종대왕기념관	대법원	강원도	태백석탄박물관	창덕궁
서울시의회	수원화성	김치박물관	경상북도	해인사 고려대장경과 장경판전	천문대
선거관리위원회	승정원 일기 / 양재천	난지하수처리사업소	옹기민속박물관	호림박물관	우포늪
소양댐	옹기민속박물관	농촌, 어촌, 산촌 마을	운현궁과 인사동	유니세프 한국위원회	판소리박물관
서남하수처리사업소	월드컵공원	들꽃수목원	육군사관학교	무령왕릉	한강
중랑구재활용센터	육군사관학교	정보나라	이화여대자연사박물관	현충사	홍릉 산림과학관
중랑하수처리사업소	철도박물관	드림랜드	전라북도	덕포진교육박물관	화폐금융박물관
	이화여대자연사박물관	국립극장	전쟁박물관	서울대학교 의학박물관	훈민정음
	조선왕조실록 / 종묘		창경궁 / 천마산	상수허브랜드	상수도연구소
	종묘제례		천문대		한국자원공사
	창경궁 / 창덕궁		태백석탄박물관		동대문소방서
	천문대 / 청계천		한강		중앙119구조대
	태백석탄박물관		한국민속촌		
	판소리 / 한강		해인사 고려대장경과 장경판전		
	한국민속촌		화폐금융박물관		
	해인사 고려대장경과 장경판전		중남미문화원		
	호림박물관		첨성대		
	화폐금융박물관		절두산순교성지		
	훈민정음		천도교 중앙대교당		
	온양민속박물관		한국에너지기술연구원		
	아인스월드		한국자수박물관		
			초전섬유퀼트박물관		